Würzburger Küchengeheimnisse

WAS WIR LIEBEN.
WIE WIR KOCHEN.
WARUM ES SCHMECKT.

Susanne Reininger

Würzburger Küchengeheimnisse

Was wir lieben. Wie wir kochen. Warum es schmeckt.

Mit Fotografien von Ingo Peters

Gestaltung, Layout und Satz:
Andrea Wieczorek-Nellen | wieczorek-design.de

www.koenigshausen-neumann.de

ISBN 978-3-8260-6359-6

Susanne Reininger
Mit Fotografien von Ingo Peters
Würzburger Küchengeheimnisse
Was wir lieben.
Wie wir kochen.
Warum es schmeckt.
Königshausen & Neumann

Rezepte, die das Leben zubereitet

Die Idee zu diesem Buch entstand mit einer einfachen Frage. „Was esst Ihr am liebsten?“, fragte ich beim Nachtisch. An diesem Abend hatte ich ein paar Freunde zum Kochen eingeladen. Während wir zusammen Gemüse schnippelten, Kräuter hackten und Eier aufschlugen, hatten wir viel gelacht und beim Essen lebhaft diskutiert. Nach meiner Frage nach dem Lieblingsgericht wurde es plötzlich still.

Dann sprudelte einer nach dem anderen los und erzählte: von fast vergessenen Szenen aus Kindertagen, kulinarischen Erziehungsmaßnahmen, Katastrophen am Herd, Kochversuchen in der Studenten-WG, von der Essenspremiere mit der ersten Liebe, bewährten Rezepten von der Großmutter und geerbten Kochbüchern, deren Seiten mit Fettflecken und handschriftlichen Kommentaren versehen sind.

Der Abend wurde lang und ich lernte etwas Wichtiges: Lieblingsgerichte sind ein Stück vom Leben. In unserem Geschmack und unserer Art zu kochen spiegelt sich wider, wer wir sind. Manchmal macht allein schon der Gedanke an ein bestimmtes Essen glücklich, weckt Sehnsüchte und Leidenschaften.

Ein Lieblingsessen ist oft auch ein Stück Heimat, eine Erinnerung an die Küche des Elternhauses, an die erste große Liebe oder an die ersten eigenen Versuche am Herd. Dabei spielt es keine Rolle, in welchem Land man geboren wurde, welchen Beruf man ausübt und welche Sprache man spricht. Kochen ist wie Esperanto: eine Weltsprache, die jeder versteht.

Kochrezepte gibt es so reichlich wie Bohnen in einem Kaffeesack. Aber was genau macht ein Gericht zu etwas Besonderem? Was wäre, wenn man nicht nur Lieblingsrezepte in einem Buch versammelt, sondern auch die Erinnerungen, Gedanken und Geschichten dazu aufschreibt? Ist das Rezept ein kulinarisches Erbe, ein Seelentröster, ein Lebensbegleiter? Etwas, das man irgendwann wiederentdeckt, nach eigenem Gusto abgewandelt oder sogar selbst entwickelt hat?

Mit all diesen Fragen habe ich mich auf die Suche gemacht und bin durch Würzburg gezogen – eine Stadt, mit der mich seit vielen Jahrzehnten eine herzliche Freundschaft verbindet. Würzburger, die gerne essen und kochen, haben mich in ihre Küche eingeladen: darunter ein Profisportler, ein Schiffskapitän, ein Theologe, ein Winzer sowie Gastronomen, Kulturschaffende, Schauspieler, Theatermacher, Wissenschaftler und Weltenbummler. Aus unseren Gesprächen entstanden erstaunliche, sehr persönliche Porträts mit rund 40 Lieblingsgerichten, die das Leben zubereitet hat. Sie sind leicht nachzukochen und inspirieren zum Entdecken neuer Geschmackswelten.

Dieses Buch weckt die Leselust und macht zugleich Appetit auf köstliche Gerichte von herzhaft bis süß, die auch die kulinarische Seele dieser Stadt jenseits von Sauren Zipfeln und Würzburger Rotgelegtem widerspiegeln. Zudem habe ich jedes Rezept mit Wissenswertem über die Zutaten ergänzt und verrate meine eigenen, erprobten Küchentipps.

Ich wünsche Ihnen viel Freude beim Lesen, Entdecken, Ausprobieren und Genießen!

Susanne Reininger

Die wunderbare Welt der Julie

Wenn Julie Bartel morgens um zehn ihren Kaffeeladen öffnet, räumt sie erst einmal die Welt aus dem Weg. Etwas betagt und an den Seiten ausgefranst baumelt die Erde im Maßstab 1: 16 000 000 dann neben dem Bücherregal. „Die Wandkarte hat mein Mann Herby aus seiner Schule mitgebracht und weil mein Laden keine Rolläden hat, hänge ich abends stattdessen die Welt ins Schaufenster", erklärt die Barista mit dem blonden Garçonschnitt.

Das ausgemusterte Unterrichtsmittel aus dem Riemenschneider-Gymnasium hat im „Co-Op Coffee Shop" im Mainviertel eine neue Heimat gefunden – und eine neue Aufgabe. „Ich kann meinen Gästen zeigen, wo der Kaffee wächst und selbst ein wenig in Gedanken reisen", sagt sie. Nicht, dass die Wahl-Würzburgerin Fernweh hätte. Sie kommt ja aus der Ferne – sie stammt aus Texas Und die Welt bereist hat Julie auch: Ein Jahr lang lang war sie unterwegs auf fünf Kontinenten – mit ihren beiden Söhnen und ihrem Ehemann, der als Lehrer ein Sabbatical einlegte. In Thailand, wo das Familienabenteuer startete, begann durch Zufall auch ihre Kaffee-Expedition: „In Bangkok wollte ich unbedingt einen Capucchino trinken und entdeckte meine Liebe zum Kaffee", erzählt die studierte Anthropologin. Sie bekam „Thai Kaffee" serviert und war überrascht, dass das beliebte Urlaubsland zu den 25 besten Kaffeeherstellern der Welt gehört.

„Every cup of coffee has a story – auch jedes meiner Rezepte!"

Auf die Idee, eine Cafébar in Würzburg zu eröffnen, kam sie in Australien. Dort probierte sie den unter Kennern begehrten „Skybury Kaffee" und staunte darüber, dass in Down Under seit über 100 Jahren feinste Arabica-Bohnen angebaut werden. In Australien gäbe es außerdem eine ganz besondere Café-Kultur und einen regelrechten Kaffeebohnenkult, referiert die Expertin. „Die Leute wollen wissen, woher der Kaffee kommt, wie er geröstet wird und von wem. Man zelebriert das Kaffeetrinken und unterhält sich dabei mit wildfremden Leuten", begeistert sich Julie. „Ich wollte auch so eine Location haben, die dazu einlädt, eine kurze Pause vom Alltag zu nehmen, dabei nette Leute zu treffen und verschiedene Kaffeesorten zu probieren."

HEUTE:
* TEX-MEX HIPPIE BOWL 5,5
* VEGANER CHILI 5,5
* ORANGE NUßKUCHEN 2,2
* HIMBEER COBBLER

Tex-Mex Hippie Bowl & Berry Cobbler

Die Eule, ihr Andenken aus Auckland, liegt griffbereit auf dem Arbeitstresen, einer alten Hobelbank, auf der die zertifizierte Brewrista das Kaffeebrühen von Hand zelebriert: Erst pustet die Kaffeemühle eine frisch gemahlene Portion schwarzes Pulver aus, das Julie in einen Porzellanfilter füllt. Dann gießt sie aus einem silbernen Wasserkännchen wohltemperiertes Wasser auf das Pulver. Ein herrlicher Duft entfaltet sich und trifft auf die süße Himbeer-Wolke aus der winzigen Küche hinter dem Gastraum, in der Julies Lieblings-Dessert im Ofen gart: Berry Cobbler.

Den Früchte-Auflauf hat sie als Studentin entdeckt, als sie in einem Lokal in Austin jobbte. „Unser Laden war bekannt für dieses Dessert und ich sehe noch heute die Gesichter unserer Gäste vor mir, wie sie unseren Berry Cobbler andächtig löffeln. Die haben ihn so sehr genossen", erinnert sich die Texanerin und fügt hinzu: „Der Cobbler gehört zu meiner Biografie. Dieser Geschmack ist fest in meinem Gedächtnis und ich versuche immer wieder, ihn beim Zubereiten so genau wie möglich zu treffen."

Während ihr Lieblings-Dessert im Ofen gart, bereitet Julie für uns ihr Lieblingsgericht zu, das an diesem Tag ebenfalls auf der großen Kreidetafel vor dem Café steht: „Julie's Tex-Mex Hippie Bowl". „Ich liebe Bohnen und Reis, hier kommen noch cremige Avocado, frischer Salat und Korianderkraut dazu, einfach umwerfend. Das ist der Geschmack meiner Heimat", schwärmt Julie Barthel. Sie mag dieses Gericht seit ihrer Schulzeit in Huston, als sie in einem kleinen Tex-Mex-Lokal ihr Taschengeld aufbesserte. Jahre später bekam Julie das Originalrezept von ihrer damaligen Chefin und probierte es zum ersten Mal aus. „Sogar mein kleiner Bruder, der ein genialer Hobbykoch ist, war völlig begeistert", betont sie stolz.

So erweiterte Julie im Laufe ihrer Weltreise Land für Land und Tasse für Tasse ihr Fachwissen. Ihr Schlüsselerlebnis hatte sie in Neuseeland, wo man Kaffee traditionell in einer Glaskanne, einem „Plunger", mit heißem Wasser übergießt. Den probierte die Globetrotterin natürlich auch und entdeckte nebenbei noch einen Glücksbringer: „Auf einem World Trip kann man ja nicht viele Souvenirs mitnehmen. In einem Haushaltswarenladen in Auckland habe ich einen Flaschenöffner in Eulenform entdeckt und wusste: Mit dieser Eule mache ich mal in meinem eigenen Kaffeeladen die Limoflaschen auf."

Und so kam es. Wieder zurück in Würzburg, war die Zeit reif für ihr eigenes Kaffee-Universum, eingerichtet mit einem gemütlichen Allerlei aus Sesseln, Stühlen und Bänken. Dort bietet die Kaffee-Expertin besonderen, fair gehandelten Kaffee von Kleinröstereien an – zubereitet im Glas, in der Tasse, mit Handfilter, aus der Glaskanne oder der Barista-Maschine.

Tex-Mex *war ursprünglich der Spitzname für die texanisch-mexikanische Eisenbahn, entstanden aus der Abkürzung des Zugs. Der gleichnamige Kochstil wurde in den USA entwickelt und setzt sich aus den Namen der beiden Regionen zusammen, die diese Küche beeinflussen: Der US-Bundesstaat Texas und der nördliche Teil Mexikos. Kombiniert werden Zutaten der amerikanischen Südstaatenküche und der mexikanischen Küche. Typisch für den Tex-Mex-Style sind Chilis, scharfe Gewürze, Fleisch und Bohnen.*

Die Begeisterung für gutes Essen wurde bei Julie und ihren drei Geschwistern immer wieder sonntags geweckt. „Da waren wir Kinder bei unserer Granny zu Besuch. Sie hat uns Eier mit Speck und Toast gemacht. Darauf habe ich mich schon die ganze Woche gefreut. Unsere Oma hat super gekocht – einfach, aber wunderbar. Sie hat immer etwas dazu getan, um einem Rezept ihre eigene Handschrift zu geben."

Diese Methode hat die Enkelin übernommen. Statt mit einem halben Dutzend Töpfen und Pfannen kocht sie am liebsten mit ihrem „Instant Pot". Der Multifunktions-Kochtopf gehört in amerikanischen Haushalten seit Generationen zum Stammpersonal. Manche Gerichte verfeinert die Hobbyköchin mit einer Prise Chana Masala, ihrer Lieblingsgewürzmischung, die sie auf ihrer Weltreise in Indien schmecken lernte und in Würzburg nun selbst mischt.

Dass Würzburg vor über 20 Jahren der Liebe wegen ihre zweite Heimat wurde, ist einem Missverständnis zu verdanken. „An der Uni in Austin traf ich einen charming Austauschstudenten namens Herby und dachte, er sei aus Kalifornien. Doch dann stellte sich heraus, dass er Herbert heißt und in Würzburg wohnt", erzählt sie mit einem Schmunzeln. „Als ich meinen Herby das erste Mal in seiner Heimat besuchte, kam mir Würzburg so anrührend winzig vor. Am Mainufer spazieren zu gehen, das begeistert mich heute noch. Und, dass hier in Sachen Kultur immer etwas in Bewegung ist."

Dazu trägt auch die Amerikanerin bei: Mit ihrem Treffpunkt für Kaffeegenießer und als Mitglied der Würzburger Filminitiative. „Caffeinated" heißt ihr Lieblings-Dokumentarfilm. Er zeigt den Kaffeekreislauf vom Setzling über die Ernte der Bohnen bis in die Tasse, porträtiert Kaffee-Enthusiasten bei jedem einzelnen Schritt und nimmt die Zuschauer mit auf eine Reise durch die Welt: von Indien, Guatemala, Honduras und Nicaragua nach Amerika und Europa.

Ein Mammutwerk, das in mehr als zehn Ländern gedreht wurde und in fast fünf Jahren Produktionszeit entstand. Gute Dinge brauchen Zeit. Ebenso wie eine gute Tasse handgebrühter Kaffee in Julies Welt.

Tex-Mex Hippie Bowl & Berry Cobbler

Julie's Tex-Mex Hippie Bowl

Zutaten für 4 – 6 Personen:

- 1 knackiger Salatkopf (z.B. Eisberg- oder Frisee-Salat)
- 1/2 Bund frischer Koriander
- 1 Dose schwarze Bohnen
- 1 Avocado
- 4 – 5 El saure Sahne
- Saft von einer halben Limette
- Tortilla Chips, so viel man will
- Parmesankäse, grob geraspelt
- 4 – 6 tiefe Suppenteller oder Essschalen (in den USA „Hippie Bowls" genannt)
- Essig und Öl
- Meersalz und frischer Pfeffer

Mexikanischer Reis

- 1 Tasse Basmati-Reis
- 2 Tl Tomatenmark
- 1 Möhre, klein gewürfelt
- 1 Knoblauchzehe, fein gehackt
- Meersalz und frischer Pfeffer

Und so wird's gemacht:

- Salat waschen, klein schneiden und beiseite stellen. Koriander abbrausen, Blättchen abzupfen und fein hacken. Zwei Tassen Wasser aufkochen, zwei Teelöffel Tomatenmark darin auflösen, etwas Salz, Pfeffer, Knoblauch und eine klein gewürfelte Möhre hinzugeben. Wenn das Wasser wieder kocht, eine Tasse Basmati-Reis einrühren und zehn Minuten bei mittlerer Hitze kochen. Wenn der Reis fertig ist, etwas Butter dazu tun sowie eine halbe Tasse schwarze Bohnen (Bohnen vorher in ein Sieb geben, mit Wasser abbrausen und abtropfen lassen) unterheben. Den Reis beiseite stellen. Für die Guacamole die Avocado, saure Sahne, Koriander und Limettensaft miteinander vermengen. Mit Salz und Pfeffer abschmecken.
- Für den Salat eine Vinaigrette aus Öl, Essig, Salz und Pfeffer anrühren, mit den Salatblättern vermengen und auf vier tiefe Teller verteilen. Den Reis darauf setzen*. Mit einem Klecks Guacamole, Parmesan-Splittern und Tortilla-Chips garnieren. Zum Schluss mit einer Prise frisch gemahlenen Pfeffer würzen.

*Um den Reis dekorativ anzurichten, einfach ein kleines Förmchen mit kaltem Wasser ausspülen, Reis einfüllen und leicht andrücken. Die Form über dem Salat vorsichtig stürzen, dabei leicht auf das Förmchen klopfen, damit sich der Reis gut aus der Form löst.

Julie Barthel

Julie's Berry Cobbler

Zutaten für 6 - 8 Personen:

- 3 Tassen Himbeeren (frisch oder TK), eine Hand voll Rhabarberstücke oder Pfirsichhälften (frisch oder aus der Dose)
- 2 1/2 Tassen Zucker
- 7 El Butter, weich
- 1 Tasse Milch
- 2 Tassen Dinkelmehl
- 4 Tl Backpulver
- 1 Tl Salz
- 2 1/2 Tassen kochendes Wasser (richtig gelesen!)
- 1 flache Auflaufform

Und so wird's gemacht:

- Backofen auf 180 Grad (Umluft 160 Grad) vorheizen. Mit einem Handrührgerät 4 El Butter mit 1 1/2 Tassen Zucker verrühren, dann die Milch zugeben.
- Mehl sorgfältig mit Backpulver und Salz vermengen, dann löffelweise unter die Milchmasse heben. Sie sollte klebrig und dick werden. Teig in eine gefettete Auflaufform füllen.
- Früchte gleichmäßig darauf verteilen und mit dem restlichen Zucker bestreuen, mit Wasser übergießen und Butterflöckchen auf der Masse verteilen. Im Ofen auf der mittleren Schiene für 30 Minuten backen, bis die Oberfläche des Cobblers eine schöne goldbraune Farbe annimmt.
- Etwas abkühlen lassen und in Dessertschälchen servieren. Dazu passt eine gute Tasse Kaffee oder ein Espresso.

Gelassenheit, Gummistiefel und der Genuss am eigenen Herd

Diese Ruhe, diese unbeschreibliche Ruhe. Das war das erste, was die Würzburger Studentin spürte, als sie nach 1540 Kilometern in der finnischen Hauptstand landete. „In Helsinki waren es minus 25 Grad. In der ganzen Stadt lag Schnee. Der knirschte so ganz anders unter meinen Füßen als bei uns zu Hause. Diese trockene Kälte, das besondere Licht und die Weite der zugefrorenen Seen – das hat mich vom ersten Augenblick an fasziniert", erzählt Karin Bayha und lächelt über das ganze Gesicht.

Während der folgenden sechs Monate ihres Gastsemesters an der mittelfinnischen Universität in Jyväskylä tauchte die Sprachwissenschaftlerin kopfüber ein in die finnische Kultur und die Komplexität der Sprache. „Ich hatte mich zu Hause über das Land informiert. Aber erst als ich dort war, wurde mir bewusst, was es bedeutet, Finnisch zu sprechen. Es hat 15 Fälle, die bei den Adjektiven, Pronomen, Substantiven und Zahlwörtern gebraucht werden und eine völlig andere Struktur als romanische oder germanische Sprachen. Da verstehst du erstmal nur Bahnhof." Das erste Wort, das die Würzburger Studentin auf Finnisch lernte, war vom Bahnhof meist gar nicht so weit entfernt. „In allen Städten und Orten sah ich Schilder mit der Aufschrift ‚Keskusta' und dachte, das muss aber eine weit verbreitete Sehenswürdigkeit sein", sagt Bayha und lacht: „Keskusta heißt einfach nur Stadtzentrum."

„Als ich zum ersten Mal Lohikeitto probiert habe, war ich völlig begeistert."

Mit dem Übersetzen finnischer Speisekarten musste sich die Linguistin nur selten befassen: „Eine Ausgehkultur gibt es nur in Helsinki. Die Leute gehen nicht so häufig in Restaurants. Sie kochen lieber zu Hause und laden Freunde ein. Auch um zusammen zu kochen."

Schon bald stand Bayha bei Kommilitonen und Nachbarn am Herd. Dabei entdeckte sie neben Beeren und Kartoffeln eines der Grundnahrungsmittel der finnischen Küche – Fisch. Den mochte sie schon als Kind nicht. „Aber als ich zum ersten Mal Lohikeitto, Lachssuppe, probiert habe, war ich völlig begeistert", schwärmt sie und holt einen Kochtopf aus dem

Schrank. Das aus Finnland importierte Lieblingsgericht wird sie nun für uns zubereiten. Mit wenigen Zutaten – Kartoffeln, Karotten, Sahne, Zwiebeln, Dill und Lachs, den sie einige Stunden zuvor aus dem Gefrierfach befreit hat – entsteht innerhalb einer Viertelstunde eine köstliche Fischsuppe. „Die mache ich auch immer zum Würzburger ‚Frühling International' – davon aber nicht vier, sondern 150 Portionen", betont sie. Ihr Faible für die finnische Kultur pflegt die promovierte Germanistin auch als langjährige Würzburger Vorsitzende der Deutsch-Finnischen Gesellschaft. Wenn sie einmal im Jahr nach Helsinki reist, ist das für sie wie Nach-Hause-Kommen. „Mich fasziniert die Lebensweise, Kultur, Gelassenheit, Verrücktheit, Naturverbundenheit, Ursprünglichkeit", fasst die Würzburgerin zusammen und ergänzt: „Die Finnen reden nicht viel, die machen einfach."

Beim Machen sind die Finnen erfinderisch und ersinnen außergewöhnliche Speisen wie Saunawurst oder Sportarten wie Gummistiefelweitwurf, was sogar staatlich gefördert wird. Nicht nur in Finnland werden offizielle Meisterschaften in dieser Disziplin ausgetragen, sondern mit Unterstützung von Karin Bayha seit mehreren Jahren auch in Würzburg, das sie gerne zur deutschen Hochburg des Gummistiefelweitwurfs machen will. Den perfekten Schwung braucht der Finne auch beim Tanzen, erklärt uns die engagierte Kulturbotschafterin, während sie mit routinierten Griffen aus selbst gemachtem Hefeteig ihr Lieblingsgebäck formt: Korvapuusti. Die fluffigen Zimtschnecken sind auch der Finnen liebstes Gebäck. „Korvapuusti heißt übrigens Ohrfeige, weil die Gebäckstücke nach dem Backen wie aufgeschwollene Ohren aussehen", erklärt uns die Finnland-Expertin mit einem Grinsen.

Im Wiegeschritt zurück zum Lieblingstanz der Finnen, dem Tango. „Die Melodie ist meist in der Tonart Moll geschrieben. Sie ist getragener, melancholischer als die argentinische Variante. In den Texten werden Naturbilder beschrieben, als Symbole für die Liebe. Der Finne hat darin eine Ausdrucksform gefunden, seine Emotionen zu zeigen. Da kommt die nordische Seele zum Ausdruck", doziert Bayha, die auch Musikwissenschaftlerin ist und in Würzburg finnische Tango-Abende organisiert.

Während des Diskurses über Tango und zugelassene Schuhgrößen für den Gummistiefelweitwurf – in der Männerklasse sind es handelsübliche Exemplare der Größe 43 – schiebt sie ihre Ohrfeigen in den Ofen. „Zimtschnecken gibt es auch in Schweden. Aber die Finnen verwenden gerne Kardamom. Das macht die finnischen Zimtschnecken und Backwaren so besonders", erklärt uns die Hobbyköchin, der man auch beim Backen kein A für ein O vormachen kann. Die Akademikerin ist in der Bäckerei ihrer Eltern in der Nähe von Stuttgart aufgewachsen. „Die Gerüche in unserer Backstube sind mir noch ganz präsent – vor allem von Hefezopf, Christstollen und Weihnachtsplätzchen", sagt sie, schnuppert, greift sich zwei Topflappen und holt perfekt gebräunte, herrlich duftende Zimtschnecken aus dem Ofen. „Was gut riecht, ist gut", zitiert sie die Backregel ihres Vaters und fügt hinzu. „Auch die Finnen backen gerne, aber es gibt dort leider keine Bäckereien wie bei uns."

„Eile ist nur zum Flöhe fangen gut."

Von ihren Reisen bringt die Würzburgerin neue Zutaten für ihre Hausbäckerei mit, manchmal auch schöne Gläser, eine Designer-Vase von Alvar Aalto, Geschirr und bunte Stoffe des finnischen Design-Labels Marimekko. Passende Servietten liegen bereits neben den Kuchentellern auf dem kleinen Esstisch. Vor uns steht ein Blech mit duftenden Ohrfeigen. Sie sind das kulinarische Band zwischen Karins Kindheit in der Bäckerei und ihrer Liebe zu Finnland. Wir dürfen probieren und genießen mit tieftönigem Schweigen. Hmmmm. „In Finnland muss man lernen die Stille zu hören. Helsinki ist eine der ruhigsten Hauptstädte in Europa. Dort ist alles sehr entspannt, sehr zurückgenommen, ganz ohne Hektik", beschreibt Karin Bayha ihre Lieblingsstadt und macht uns Appetit, den finnischen Rhythmus der Ruhe zu entdecken. Irgendwann bestimmt, wenn weniger Stress ist, denke ich. Karin Bayha würde mit einer finnischen Weisheit antworten: „Eile ist nur zum Flöhe fangen gut."

Finnische Lachssuppe & Zimtschnecken

Lohikeitto – Finnische Lachssuppe

Zutaten für 4 Personen:

- 750 ml Fischfond oder Gemüsebrühe
- 300 – 400 g frisches Lachsfilet (oder TK-Ware)
- 1 Becher süße Sahne oder Creme Double
- 1 Bund frischer Dill (oder TK-Kräuter)
- 1 – 2 Möhren
- 1 große Zwiebel
- 3 – 5 Kartoffeln, vorwiegend festkochend
- 11 ganze Pfefferkörner
- Sonnenblumenöl
- Salz und Pfeffer nach Geschmack

Und so wird's gemacht:

- Frischen Dill abbrausen und fein schneiden. Kartoffeln, Zwiebeln und Möhren schälen und würfeln. Lachs auf Gräten prüfen und in Würfel schneiden. Öl in einem hohen Topf erhitzen, Zwiebeln andünsten, Kartoffeln und Möhren zugeben und ebenfalls kurz andünsten, mit Fischfond oder Brühe ablöschen. Pfefferkörner zugeben und salzen.
- Suppe zehn Minuten sanft köcheln, bis die Kartoffelwürfel fast gar sind. Sahne angießen, gut umrühren und alles kurz weiter köcheln lassen. Zum Schluss die Lachswürfel hinzugeben. Die Suppe noch wenige Minuten bei geschlossenem Deckel sanft gar ziehen lassen. Vorsicht: Der Lachs darf nicht zerkochen!

- Zum Servieren in Schalen oder tiefe Teller füllen und mit Dill bestreuen.

Saunawurst – wo Finnland auf Franken trifft

Wer neben Finnischer Lachssuppe und süßen Ohrfeigen eine weitere schlichte Landesspezialität entdecken möchte, sollte saunalenkki, Saunawurst, probieren: 1 Ring Fleischwurst, Emmentaler Käse, Tomaten, Senf und Ketchup. So wird's gemacht: Backofen auf 250 Grad vorheizen. Tomaten abbrausen und in Scheiben schneiden. Die Pelle der Fleischwurst abziehen, Wurst in regelmäßigen Abständen einritzen. Die Spalten mit gehobeltem Käse und Tomatenscheiben füllen. Senf und Ketchup auf dem Wurstring verteilen. Im Ofen garen, bis der Käse geschmolzen ist und die Wurst eine goldbraune Kruste hat. Saunawurst schmeckt köstlich zu Bier, Salat und frischem Bauernbrot. In Finnland wird diese Fleischwurst-Spezialität in der Sauna gegessen.

Karin Bayha

Korvapuusti – finnische Zimtschnecken

Zutaten für ein Backblech:

- 1 kg Mehl
- 1/2 l Milch
- 1 Hefewürfel
- 200 g Zucker
- 1 – 2 Tl Zimt
- 200 g Butter
- 1 – 2 Tl Kardamom
- 1 Ei und 1 Eigelb
- 1 Prise Salz

Und so wird's gemacht.

- Backofen auf 225 Grad vorheizen (Umluft 205 Grad). Milch erwärmen und in eine Rührschüssel gießen, dann die Hefe darin auflösen. Ei, Zucker, Salz und Kardamom hinzu geben. Die Hälfte des Mehls unterheben und zu einem geschmeidigen Teig rühren. Butter erwärmen und unter den Teig ziehen. Das restliche Mehl hinzu geben und den Teig mit der Hand kneten. Der Teig ist gut, wenn er nicht mehr an den Händen klebt. Sonst noch etwas Mehl zugeben.
- Hefeteig mit einem Küchentuch abdecken und an einem warmen Ort 30 Minuten gehen lassen (die Teigmenge sollte sich verdoppelt haben).
- Auf einer bemehlten Arbeitsfläche den Teig nochmal durchkneten und etwa einen Zentimeter dick ausrollen. Zimmerwarme Butter auf den Teig streichen, gleichmäßig mit Zucker und Zimt bestreuen und den Teig zu einer Rolle formen.
- Teigrolle in drei bis fünf Zentimeter dicke Scheiben schneiden.
- Korvapuusti mit der Schnittfläche nach oben auf ein mit Backpapier ausgelegtes Backblech legen. Die Teigseiten nach oben richten und in der Mitte mit dem Finger eindrücken. Schnecken mit einem Küchentuch abdecken und zehn Minuten gehen lassen. Dann die Teilchen mit Eigelb bestreichen. Im Ofen auf der mittleren Schiene etwa zehn bis 15 Minuten backen, bis die Zimtschnecken eine goldbraune Farbe annehmen.
- Die Korvapuusti schmecken köstlich zu einem Glas Kakao, Milchkaffee oder kalter Milch.

Kulinarisches Vermächtnis für ganz besondere Anlässe

Eier, Butter, Zucker, Mehl, Kakaopulver, Vanillepudding, Milch und etwas Zitronenschale. Die Zutatenliste für dieses Kuchenrezept ist kurz und kinderleicht. „Es ist eigentlich gar kein Rezept, sondern ein Familienritual“, sagt Heiko Braungardt. Nicht die Zutaten, sondern Tradition macht seinen Lieblingskuchen so einzigartig.

„Das ist unsere Geburtstagstorte“, betont der promovierte Kunsthistoriker, der Würzburg aus vielen Perspektiven kennt: Er arbeitet in der Staatlichen Schlösser-, Seen- und Gärtenverwaltung und zeigt Touristen als zertifizierter Gästeführer die interessantesten und schönsten Orte seiner Wahlheimat.

„Dieses Rezept wurde bisher nur in unserer Familie weitergereicht und wird mittlerweile für die fünfte Generation gebacken“, erzählt der Hobbybäcker. „Einzige Ausnahme war die Konfirmation meiner Nichte. Sonst wird die Buttercremetorte nur für Geburtstagskinder gebacken. Das neue Lebensjahr wird in dicken weißen Lettern aus Creme oben drauf geschrieben. Nur für uns Erwachsene gibt es keine Zahlen mehr“, erklärt er und rückt seine schwarze Brille zurecht.

Obwohl das süße Familienerbe stets nach demselben Rezept hergestellt wird, schmeckt die Torte jedes Mal eine Nuance anders. „Den jeweiligen Zuckerbäcker erkenne ich mit verbundenen Augen“, glaubt Braungardt. Er würde das Rezept nie abwandeln, um etwa an Zucker oder Butter zu sparen: „Wenn schon gehaltvoll, dann sollte unser Kunstwerk gut schmecken. Man hat schließlich nicht jeden Tag Geburtstag“, betont er und legt den fertigen Biskuitteig auf einen Gitterrost. Wissenschaftliche Küchenexperimente zur strategischen Verkürzung einzelner Arbeitsschritte sind erlaubt: „Ich habe den Biskuitboden schon vergangene Woche gebacken. Er lässt sich problemlos einfrieren und ist nach dem Auftauen ebenso fluffig wie vorher“, verrät er.

„Dieses Rezept wurde bisher nur in unserer Familie weitergereicht.“

Schon als Kind stand Braungardt gerne in der Küche. Als er nach dem Abitur aus seinem Heimatort Winterhausen nach Würzburg zog, experimentierte er in der kleinen Küche seiner Studentenwohnung. Im Gepäck hatte er ein paar Vorräte von zu Hause und eine solide sensorische Vorbildung, wie hausgemachte Zutaten schmecken sollten. „Wir hatten einen großen Garten hinter dem Haus. Bei uns kamen immer frische Eigengewächse auf den Esstisch: Salat, Radieschen, Bohnen, Karotten. Im Herbst wurden Früchte, Bohnen und Karotten konserviert und Marmelade für die Wintermonate eingekocht", erinnert er sich – ebenso wie an die jährlichen Hausschlachtungen mit Hilfe des Dorfmetzgers.

„Da kam die Verwandtschaft zusammen und hat sich gegenseitig geholfen. An einem Wochenende wurde bei meinen Eltern geschlachtet, am nächsten Wochenende bei der Tante. Mittags gab es Kesselfleisch. Abends, als alles wieder geputzt war, gab es ‚Gretelsuppe' aus dem Kessel, in dem die ersten Leberwürste gekocht wurden", berichtet der Kunsthistoriker.

Auch der Geschmack der hausgemachten Pfannkuchen mit eingelegten Birnenschnitzen ist ihm nun wieder präsent. „Auch das Apfelkompott, den Grießbrei mit Beeren habe ich noch im Gedächtnis", sagt Braungardt und schnalzt mit der Zunge. „Je älter ich werde, desto häufiger koche ich die Gerichte aus meiner Kindheit nach."

Neben seinem privaten Kocharchiv erweitert der Würzburger sein Repertoire mit Rezepten aus Food-Magazinen. „Es muss nicht zu extravagant sein. Aber ich experimentiere gerne in der Küche", sagt er. Dabei kommt es gelegentlich auch zu kleinen Pannen: „Ich habe mal einen Zwiebelkuchen mit rohen Zwiebeln gemacht. Das war eine qualvolle Nacht", erinnert er sich. Seitdem befolgt er konsequent den Rezeptbeschreibungen – allerdings mit Einschränkung: „Ich kann es nicht leiden, wenn ein Rezept Zutaten enthält, von denen ich nur ein Mikrogramm benötige. Das finde ich albern. Dann mache ich lieber Schnitzel."

Alle Jahre wieder, ab Oktober, weht köstlicher Weihnachtsduft durch seine Küche. „Sonst werde ich ja nicht fertig“, kommentiert der Hobbybäcker seine große Leidenschaft für die Adventsbäckerei. Über 2500 Plätzchen aus 50 Sorten hat er in der letzten Saison hergestellt. Für seine Mutter backt er Klassiker wie Terrassenplätzchen und Vanillekipferl nach altem Familienrezept. Die meisten Plätzchen werden verschenkt. „Ich weiß, wer am liebsten Nougat oder Marzipan mag, entsprechend variiere ich die Päckchen“, erläutert er.

Doch bevor Braungardt mit seinem Plätzchenmarathon beginnt, backt er sich durch den Spätsommer: „Am liebsten mit Zwetschgenkuchen. Aber ohne Hefeteig. Ein schöner Mürbeteig mit viel Nüssen und Mandeln. Darauf dicht mit Zwetschgen und dicken Butterstreuseln belegt, das gehört für mich zum Herbstanfang“, schwärmt der Genießer und uns läuft das Wasser im Munde zusammen. Eine gute Gelegenheit, die fast fertig dekorierte Geburtstagstorte ins Visier zu nehmen.

Als zertifizierter Gästeführer kennt Braungardt seine Wahlheimat wie seine Westentasche und erkundet reizvolle Orte, die selbst Würzburger überraschen: „Ich würde die Apotheke des Juliusspitals, den Innenhofbereich der alten Uni empfehlen, den Kreuzgang der Franziskanerkirche und die Allendorf-Kapelle auf dem Gelände der Theresienklinik, sie stammt aus dem 15. Jahrhundert.“

*Wenn **Kaffeebesuch** ins Haus steht und der Feinschmecker keine Zeit zum Backen hat, hat er folgende Adressen parat: Das Café Michel am Markt für Torten, Bäckerei Rösner für Krapfen, Bäcker Hanselmann für Gebäck, Brot und Nougat-Croissants.*

Der gewissenhafte Koch ist auch ein aufmerksamer Gastgeber, der Wert legt auf Tischkultur. Eine liebevoll gedeckte Tafel „mit Messerbänkchen, Kerzen und Schüsseln, aus denen sich jeder selbst bedienen kann“ gehört dazu. Für den Freund klassischer Musik ist das „die Ouvertüre zu einem schönen Abend.“

Geburtstags-Buttercremetorte

Zutaten für den Biskuit:

- 4 Eier (Größe M)
- 200 g Zucker
- 1 Päckchen Vanillezucker
- geriebene Schale von 1 Zitrone
- 100 g Mehl
- 100 g Stärke

So wird der Biskuitteig hergestellt:

- Ofen auf 175 Grad (Umluft 155) vorheizen. Eier trennen. Eiweiß mit 2 El kaltem Wasser steif schlagen. Eigelbe mit Zucker, Vanillezucker, Zitronenschale schaumig schlagen.
- Mehl, Backpulver, Stärke mischen, mit Eischnee vorsichtig unter die Eigelbmasse heben.
- Biskuitmasse in eine mit Backpapier ausgelegte Springform (26 cm Durchmesser) füllen, ca. 25 Minuten backen. Die Form herausnehmen und auf einem Kuchengitter auskühlen lassen.

Zutaten für die Creme:

- 2 Päckchen Vanillepudding zum Kochen
- 750 ml Milch
- 100 g Zucker
- 250 g Butter
- Johannisbeer- oder Sauerkirschgelee
- etwas Kakaopulver

So wird die Creme zubereitet:

- Vanillepudding nach Packungsanweisung anrühren. Heiko Braungardts Tante nimmt immer nur einen dreiviertel Liter Milch, um den Pudding fester werden zu lassen.
- Danach abkühlen lassen. Um eine Haut auf dem Pudding zu verhindern, diesen direkt nach dem Umfüllen in die Auskühlform, also noch im warmen Zustand, mit Klarsichtfolie abdecken! Achtung: Für das Gelingen der Creme ist es absolut wichtig, dass Pudding und Butter die selbe Temperatur haben, sonst besteht die Gefahr, dass die Creme gerinnt! Deshalb die Butter rechtzeitig aus dem Kühlschrank nehmen!
- Sobald die beiden Zutaten die gleiche Temperatur aufweisen, die Butter schaumig schlagen, danach den Pudding nach und nach in kleinen Portionen zu der Butter dazu geben und unterheben. Die Torte wird bei Braungardt immer zweifarbig gestaltet. Zu diesem Zweck die fertige Creme teilen und eine Hälfte mit Kakaopulver einfärben.

So wird die Torte fertiggestellt:

- Den ausgekühlten Biskuit zwei- oder dreimal waagerecht teilen. Auf den unteren Boden dünn die eine Creme verteilen, hierauf eine feine Schicht Johannisbeer- oder Sauerkirschgelee streichen.
- Den zweiten Boden auflegen und nach dem gleichen Prinzip verfahren, diesmal jedoch mit der anderen Creme. Abschließend den Deckel oben drauf legen. Wer will, kann noch einmal etwas Gelee aufstreichen.
- Danach den Deckel und den Rand mit der einen Creme umhüllen (bei Braungardts Tante ist das stets die dunkle Creme), danach mit der anderen Creme je nach Belieben Tupfen, Linien, Muster aufspritzen.
- Die fertige Torte über Nacht kühl stellen, damit sie gut durchziehen kann.

Mućkalica mit Djuvecreis

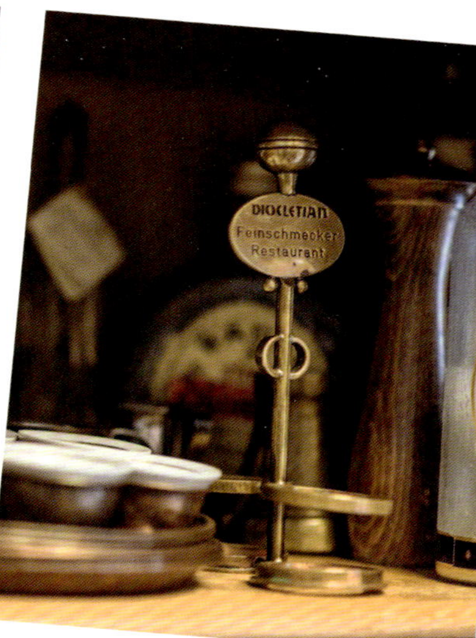

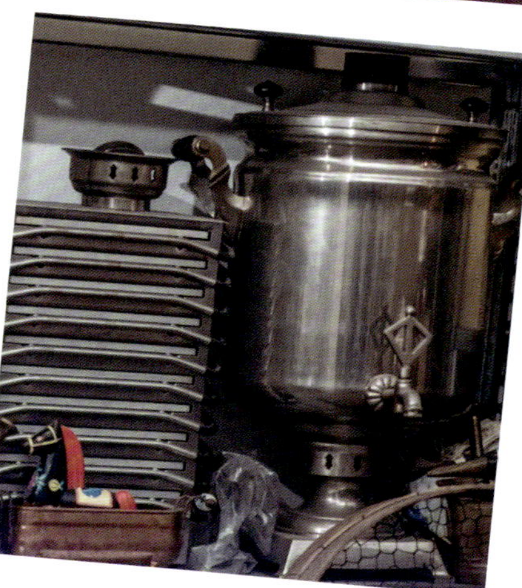

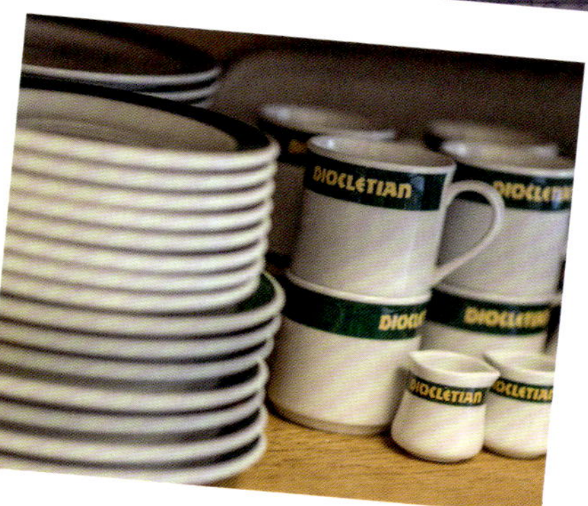

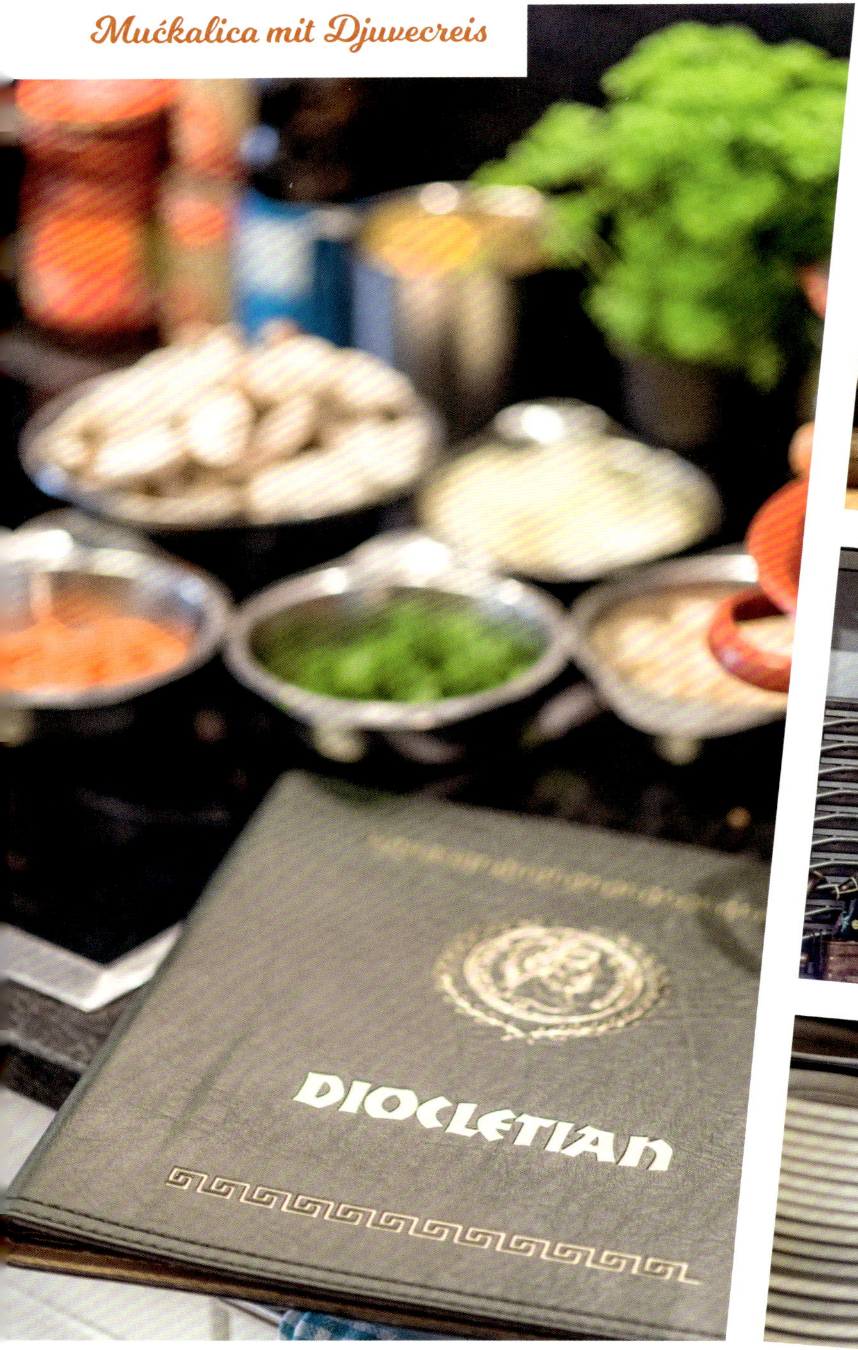
DIOCLETIAN

DIOCLETIAN
Feinschmecker-
Restaurant

DIOCLETIAN

Von Eisbergen und einer Kindheit in der Küche

Wenn Marina aus der Schule kam, führte ihr Weg stets durch die Küchentüre des „Diocletian", dem Restaurant ihrer Eltern. Meist folgte das gleiche Ritual: „He, kleine Madame. Magst du Pljeskavica mit Schafskäse? Hab ich eben frisch gemacht", raunte einer der Köche dem Mädchen zu und streckte ihm einen Teller mit einem knusprig gegrillten Hackfleischfladen mit Käsefüllung entgegen. „Darauf habe ich mich schon auf dem Schulweg gefreut", erinnert sich die gebürtige Würzburgerin und fügt hinzu: „Bei uns gab es immer gutes Essen. Wir hatten einen begehbaren Kühlschrank in der Restaurantküche. Das war wie im Schlaraffenland." An diesem Frühlingstag, über 30 Jahre später, steht Marina Caktas am Herd. In der schmalen Einbauküche der elterlichen Wohnung unweit der Neubaukirche. Sie bereitet die Lieblingsspeise der Familie zu: Mućkalica mit Djuvecreis – ein kroatisches Nationalgericht mit Schweinefleisch und Gemüse, nach einem Originalrezept ihres Vaters aus dem „Diocletian".

Auch Marinas Brüder Tomislav und Mavin, der in Berlin lebt, haben sich zum Sonntagsessen angekündigt. Mutter Rita deckt schon mal den Küchentisch. Vater Nedilijko sitzt auf dem Sofa im Wohnzimmer und betrachtet ein Fotoalbum: Auf dem Schwarzweiß-Bild, mit dem bleistiftdünnen Oberlippenbart, der Ledermütze und der Motorradbrille ähnelt er einem Hollywoodstar. Auf der nächsten Seite, mit Kochmütze und blütenweißer Kochjacke, könnte er ein Fernsehkoch aus den Siebzigern sein.

Zurück in die Gegenwart: Der kroatische Gastronom ist längst im Ruhestand. Doch in Würzburg ist er noch immer eine Legende. Sein Lebenswerk, das „Diocletian", war das älteste jugoslawische Restaurant in Unterfranken. Bei dieser gastronomischen Fußnote wäre es wahrscheinlich geblieben,

wenn Marinas Eltern Ende der Sechziger Jahre nicht die Zeichen der Zeit erkannt hätten: „Wo man im Urlaub war, diese Landesküche wollte man auch zu Hause genießen. Damals noch exotische Spezialitäten wie Cevapcici, Plieskavica und Raznici haben wir unseren Gästen im Diocletian geboten", erzählt Rita Caktas und ihre Tochter ergänzt: „Papa hat mir und meinen Brüdern immer gepredigt: ‚Es kommt nicht nur darauf an, was du machst, sondern auch, wie du es präsentierst!'". So machte der geschäftstüchtige Hotelier aus Dalmatien sein Lokal zu einer „In-Location".

Anfangs stand er selbst in der Küche, seine Frau Rita, die aus Baldersheim bei Ochsenfurt stammt, kümmerte sich um die Gäste – darunter zahlreiche Prominente wie Schlagersängerin Olivia Molina, die kroatische Wasserball-Nationalmannschaft, das deutsche Fecht-Nationalteam, Bundesliga-Basketballer und der König von Nepal. Prominente und Stammgäste durften im Prunkstück des Lokals speisen: einer prächtigen, mit rotem Samt ausgeschlagenen Kutsche. Der Gastronom erstand das Requisit aus dem Fundus des Spielfilms „Der Kornett", der in den Sechziger Jahren auf der Würzburger Festung gedreht wurde. „Bei uns war immer Trubel. Was für meine Eltern eine Herausforderung war, haben wir als Kinder gar nicht mitbekommen. In einem Restaurant aufzuwachsen, war für uns völlig normal", resümiert Tochter Marina und bereitet die Zutaten für den Djuvecreis vor. Dazu müssen fünf verschiedene Gemüsesorten – Paprika, Karotten, Sellerie, Lauch und Tomaten – fein gewürfelt werden.

Mutter Rita setzt sich auf einen Küchenstuhl, nimmt ein Tuch und poliert zwei kupferne Mokka-Kännchen auf Hochglanz. „Ich bin mit sechs Geschwistern aufgewachsen, da lernst du bescheiden zu sein und keine großen Träume zu haben. Aber der Nedjiliko hat mir gefallen mit seinem Temperament und so gut sah er aus. Als wir uns in Stuttgart im Steigenberger kennengelernt haben, wusste ich: Ich will den oder keinen! Mit unserem Ersparten und ein bisschen geliehenem Geld haben wir in der Zellerau unser erstes Restaurant eröffnet", erzählt Rita und fügt nach einer Pause hinzu: „Es wäre schön gewesen, das Diocletian in die nächste Generation zu führen. Aber wir wollten die Kinder nicht zwingen, in unsere Fußstapfen zu treten. Die Marina, die hätte vieles geändert auf der Speisekarte. Da gäbe es viel mehr Salate und Vegetarisches."

„Das Dio war der Lebensinhalt meiner Eltern."

Ihre Tochter lacht und nimmt ihre Mutter in den Arm. „Das Dio war der Lebensinhalt meiner Eltern. Mein Vater wollte aber nicht, dass wir mithelfen. Nur hinter den Kulissen, in der Küche. Unsere Gäste sollten nicht denken: ‚Der Caktas lässt seine Kinder schuften'. Mein Vater ist ein sehr stolzer Mann", betont Marina. Sie hat das Organisationstalent der Mutter, das Temperament und die Geschäftstüchtigkeit des Vaters geerbt hat. Nach mehreren Jahren in New York, wo die Marketingfachfrau fast rund um die Uhr für große Hotels arbeitete, erfüllte sie sich ihren Traum und machte sich in Offenbach mit einer Genuss-Manufaktur selbständig. Feinschmecker reißen sich um ihre handgerührten Marmeladen, Gelees und pikanten Chutneys der Marke „Genusswolke".

„Ich verwende viele verschiedene Gewürze. Das hängt vielleicht mit meiner sensorischen Prägung zusammen", sinniert die Sensorikerin. „Und wir durften keine Süßigkeiten essen, auch nicht Fanta oder Sprite trinken. Wenn unsere Tanten uns Süßes mitgebracht haben,

hat mein Vater es weggeworfen. Da war er streng“, erzählt Marina. Ihr Bruder Tomislav unterbricht sie lachend: „Aber weißt du noch? Bei uns gab es doch immer Eis auf der Karte für die Gäste! Das haben wir bergeweise geschleckt, bis wir gefroren haben. Als uns wieder warm genug war, ist einer von uns in den Restaurantkeller geschlichen, um von unserem Lieblingsdessert Nachschub zu holen.“

Im privaten Keller des elterlichen Hauses lagern weitere Erinnerungen. Ein bunt bemaltes Holzpferd, Kinderbücher, kleine Weinfässer mit kroatischem Wappen, Holzstühle, Säulen aus Gips, Weidenkörbe und in meterlangen Metallregalen: Samoware, Heizplatten, riesige Kochtöpfe, Kupfergeschirr, Tischdecken, Besteck, Porzellanschalen und Teller mit dem grünen Wappen des legendären Würzburger Lokals sowie weitere Utensilien, mit denen das Restaurant ausgestattet war.

Nach dem Sonntagsmahl, das bei Familie Caktas stets mit einem handgebrühten türkischen Mokka beendet wird, dürfen wir einen Blick in die „Schatzkammer“ werfen. Dort schlummert die 35-jährige Geschichte des legendären Restaurants.

Unter einer hauchdünnen Staubschicht. Wie in einem Dornröschenschlaf. Als warte das „Diocletian“ darauf, wieder lebendig zu werden und mit tiefer Stimme zu raunen: „He, kleine Madame. Magst du Pljeskavica?“

Mućkalica mit Djuvecreis

Djuvecreis (Gemüsereis)

Zutaten für 4 Personen:

- 4 Zwiebeln
- ca. 200 g Paprika
- 200 g Karotten
- 150 g Sellerie
- 150 g Lauch
- 4 Tomaten
- 0,75 – 1 l Wassser
- 2 große Tassen Reis

Und so wird's gemacht:

- Das Gemüse klein würfeln.
- Gewürfelte Zwiebeln in Fett andünsten, einen viertel Liter Wasser dazu geben und etwa 10 Minuten köcheln lassen.
- Paprika, Karotten, Sellerie, Lauch dazu geben und weiter köcheln lassen. Wasser nachgießen, Tomaten dazu geben, noch mal 5 – 10 Minuten leicht blubbernd kochen lassen.
- Zum Schluss würzen (Salz, Pfeffer), 2 große Tassen Reis, etwas Wasser dazu geben. Alles einmal langsam umrühren und anschließend im Backofen bei 200 Grad ca. 15 Minuten fertigbacken. Wenn die Gemüse-Reismischung zu trocken wird, noch etwas Wasser nachgießen.

Wenn etwas übrig bleibt: Djuvecreis lässt sich auch prima einfrieren. Oder man gibt ihn als Einlage in eine Gemüsebrühe. Mit einem Spiegelei überbacken, wird eine schnelle Mahlzeit daraus.

Familie Caktas

Mućkalica (Koteletts mit Gemüsesoße)

Zutaten für 4 Personen:

- 4 Schweinekoteletts
- 2 Zwiebeln
- 2 – 4 Knoblauchzehen
- etwas Rapsöl zum Andünsten
- 1 frische Paprika
- 1 halbes Glas Tomatenpaprika (ca. 200 g)
- 1 Dose geschnittene (ca. 400 g) oder frische Champignons
- 1 halbe Dose geschälte Tomaten (ca. 200 g)
- 1 Bund glatte Petersilie (sie ist aromatischer)
- Wenn man es etwas schärfer mag: 1 Pepperoni oder Chili

Und so wird's gemacht:

- Zwiebeln und Knoblauch in feine Stücke schneiden, beides im Rapsöl andünsten. Leicht salzen.
- Tomatenpaprika und Champignons grob schneiden, zusammen mit den geschälten Tomaten in den Topf geben. Ca. 10 Minuten köcheln lassen. Sollte die Soße zu dick werden, etwas vom Wasser der Tomatenpaprika zum Verdünnen nehmen.
- Die Petersilie hacken und in die Soße geben.
- Noch einmal aufblubbern lassen. Fertig!

- *Schweinekotelett*, natürlich von einem guten Metzger! (etwas durchwachsen) ein Stück pro Person, Salz, Pfeffer.
- Pfanne heiß werden lassen (nicht zu heiß, sonst wird das Fleisch trocken).
- Fleisch garen, kurz vor dem Ende mit Paprikapulver bestäuben.
- In Streifen schneiden, auf der Gemüsesoße anrichten.

Persisches Reisgericht mit Knusperkruste (Tahdig)

Mama und Talkmaster Biolek als Kochlehrer

Von Montag bis Donnerstag gab es für Manoucher Darvari an der Fachhochschule Köln schnelle Mensakost: Pizzaschnitten, Pasta mit verschiedenen Saucen, Gemüseauflauf und Grünes vom Salatbüffet. Freitags hatte der angehende Diplom-Ingenieur für Bauwesen vorlesungsfrei. „Da habe ich nachmittags immer den Fernseher angemacht, um die Kochsendung mit Alfred Biolek zu schauen. Mit einem Glas Wein in der Hand unterhielt er sich mit einem Studiogast und kochte mit ihm“, erinnert sich der gebürtige Iraner und ergänzt: „Das hat mich sehr beeindruckt, vor allem die Gerichte und die praktische Küche mit dem ‚Bio-Loch für Küchenabfälle‘“. Für die TV-Serie „Alfredissimo“ ließ der WDR eigens die private Küche des legendären Showmasters und Hobbykochs in einem Fernsehstudio nachbauen. Darin stand Biolek mit einem prominenten Schauspieler, Sänger, Musiker oder oder Medien-Star am Herd und warnte stets vor dem Fehler, zum Kochen billigen Wein zu verwenden. Der Gastgeber kämpfte meist mit dem Gasherd, lobte stets die Geselligkeit eines guten Essens und machte gefühlt hundertmal „hach“ und „hmmmhmm“. Nachgekocht wurden die Gerichte aus Bioleks Kult-Sendereihe von den Zuschauern allerdings nur in seltenen Fällen. Manoucher Darvari war so ein Fall. Der iranische Student war begeistert von dem TV-Koch mit Nickelbrille, ließ sich jede Woche aufs Neue von ihm inspirieren – und lernte so die deutsche Esskultur kennen: „Die Rezepte habe ich mir im Kopf gemerkt, am nächsten Tag die Zutaten

> „Wenn uns meine Schwester Mohtaram aus Teheran besucht, hat sie immer den Koffer voller Zutaten.“

Persisches Reisgericht mit Knusperkruste (Tahdig)

eingekauft und mich dann im Studentenwohnheim an den Herd gestellt – auch wie Herr Biolek mit einem Glas Wein." So entstanden Hackbällchen mit Parmesan und Kräutern, Fischauflauf mit Fenchel, überbackener Schafskäse aus dem Ofen und andere Gerichte aus dem Fernsehen. In der Gemeinschaftsküche des Kölner Studentenwohnheims hat der Iraner auch das erste Mal für seine heutige Ehefrau gekocht. „Ihr hat's geschmeckt. Dank Biolek waren meine Kochkünste passabel. Ich habe dann später auch versucht, die Gerichte meiner Mutter nachzukochen", erzählt der Hobbykoch. An seine Jugendjahre in Teheran erinnert er sich gerne: „Als wir aus der Schule kamen, stand immer ein frisch gekochtes Mahl auf dem Tisch, an kalten Wintertagen gab es schon zum Frühstück etwas Warmes, etwa Linseneintopf." Als Pausenproviant steckte die Mutter jedem ihrer sieben Kinder ein Tütchen mit Nüssen, geröstetem Getreide, getrockneten Rosinen, Datteln und Feigen in den Ranzen.

Die Familienregel lautete: „Was auf den Tisch kommt, wird stets probiert". „Wenn wir mal etwas nicht gemocht haben, hat uns Mama ein Spiegelei gebraten", erinnert sich Manoucher und fügt hinzu: „Unsere Mutter hat viel mit Kräutern gekocht, zum Beispiel Reis mit Dill. In jede Sauce kamen reichlich Zwiebeln und eine Prise Kurkuma. Auf Kurkuma kann ich noch heute nicht verzichten. Das ist der Duft meiner Kindheit. Und das bringt Farbe ans Essen. Ich gebe immer zum Omelett oder an Tomaten einen Hauch Kurkuma", erzählt er. Auch in seiner Lieblingsspeise – ein traditionelles persisches Reisgericht mit knuspriger Reiskruste, die Tahdig genannt wird – darf Kurkuma nicht fehlen.

In seiner zweiten Heimat Würzburg, in der er seit über zehn Jahren lebt und mit einem Kollegen ein Ingenieursbüro gegründet hat, schlägt der Bauwerksprüfer nun die kulinarische Brücke zwischen Sauerbraten, Leberkäs-Semmeln und traditioneller persischer Küche. Das gelingt ihm vorzüglich, wie seine Ehefrau Beate findet und schon mal den Tisch eindeckt.

Kurkuma schmeckt besonders gut zu Reisgerichten, Eintöpfen, Geflügel, Fisch und Meeresfrüchten. Als qualitativ hochwertig gelten „Allepey-" und „Madras-Kurkuma". Frische Wurzeln bleiben im Gemüsefach des Kühlschranks bis 14 Tagen frisch und eignen sich auch zum Einfrieren. Kurkuma-Pulver sollte lichtgeschützt im luftdichten Behälter aufbewahrt werden. Die färbende Eigenschaft bleibt so fast unbegrenzt erhalten.

Am Tag unseres Besuchs ist Manouchers Schwester Mohtaram aus Teheran angereist. Als Mitbringsel hat sie Trockenpflaumen und Berberitze im Koffer. „Trockenfrüchte aus meiner Heimat sind viel aromatischer als hier", betont der Hobbykoch. Er reicht uns ein Schälchen zum Probieren und trifft dann letzte Vorbereitungen für seine Leibspeise: Er gießt etwas Sonnenblumenöl in einen Kochtopf, gibt eine Prise Kurkuma und halb vorgekochten Reis hinzu. Ein herrlich blumiger Duft entfaltet sich in der penibel aufgeräumten Einbauküche des Reihenhäuschens im Würzburger Stadtteil Versbach. Auf dem Küchentisch liegt ein kleines, sonnengelbes Buch, dessen Umschlag von vielen Kochgängen erzählt. „Aus persischen Töpfen" begleitet Manoucher schon lange. „Darin schlage ich ab und zu mal nach. Alles andere habe ich im Kopf", sagt der Ingenieur. Noch immer steht er gerne samstags am Herd. Mal inspiriert von Biolek, mal von Klassikern aus seiner ersten Heimat.

Persisches Reisgericht mit Knusperkruste (Tahdig)

Tadigh
(Persisches Reisgericht
mit Knusperkruste)

Zutaten für 4 Personen:

- 500 Gramm Langkornreis z.B. Basmati oder Sadri Reis
- 3 – 4 El Naturjoghurt (3,5 %)
- 1 Ei
- getrocknete Berberitze
- 1 Prise Kurkuma
- 1 Messerspitze Safran pulverisiert
- Sonnenblumenöl

Huhn mit Pflaumen

Zutaten für 4 Personen:

- 4 Hähnchenschenkel
- 1/2 l Hühnerbrühe
- 1 Zwiebel
- 1 Hand voll getrocknete Pflaumen (entsteint)
- 2 – 3 El Tomatenmark
- Salz und Pfeffer nach Geschmack

Und so geht's:

- Reis mit der doppelten Menge Wasser und einer Prise Salz 8-10 Minuten bissfest garen. Reis in ein Sieb schütten und die Hälfte der Reismenge in einer Schüssel mit Joghurt, Ei und 1 Messerspitze Safran vermischen.
- Den Topf zurück auf den Herd stellen, Sonnenblumenöl angießen, bis der Topfboden bedeckt ist, erhitzen und eine Prise Kurkuma hinzugeben. Die Joghurt-Reismischung einfüllen, leicht andrücken und mit dem restlichen Reis bedecken.
- Bei mittlerer Hitze und geschlossenem Deckel 20 – 30 Minuten fertig garen. Dazu den Topf mit einem sauberen Geschirrtuch bedecken, Deckel auflegen und gut andrücken. Nach Ende der Garzeit stellt man den Topf in kaltes Wasser und stürzt den Reis zum Servieren auf eine (Kuchen-)Platte. Nun ist die knusprige, gold-gelbe Reiskruste – der sogenannte Tahdig – zu sehen.
- Der kompakte Reis wird wie ein Kuchen aufgeschnitten, mit Berberitze bestreut und auf Tellern verteilt.

Dazu serviert Manoucher Darvari am liebsten
Huhn mit Pflaumen:

- Zwiebel häuten und fein würfeln. Hähnchenschenkel abbrausen und mit einem Küchentuch trocken tupfen.
- 2 Tassen Wasser in einen breiten Topf gießen, Hähnchenschenkel hineinschichten und bei geschlossenem Deckel etwa 10 Minuten leicht köcheln lassen. Schenkel entnehmen und zur Seite legen.
- Die Flüssigkeit im Topf mit Tomatenmark verrühren, Hühnerbrühe angießen und die Pflaumen hinzugeben. Bei geringer Hitze etwas eindicken lassen.
- Die Hähnchenschenkel in einer Pfanne mit etwas Öl goldbraun anbraten und in die Pflaumensoße geben.

Sadri, der persische Reis aus dem Iran, gilt als beste Reissorte der Welt. Sie wird seit Jahrhunderten am Kaspischen Meer in der iranischen Provinz Gilan kultiviert. Sadri-Reis schmeckt sehr aromatisch und verbreitet schon bei der Zubereitung einen blumig-frischen Duft. Traditionell wird er auf persische Art zubereitet: mit einer festen Reiskruste, mit Safran und Berberitzen – ein Klassiker der persischen Küche.

Dicke-Bohnen-Suppe mit Schinkenspeck

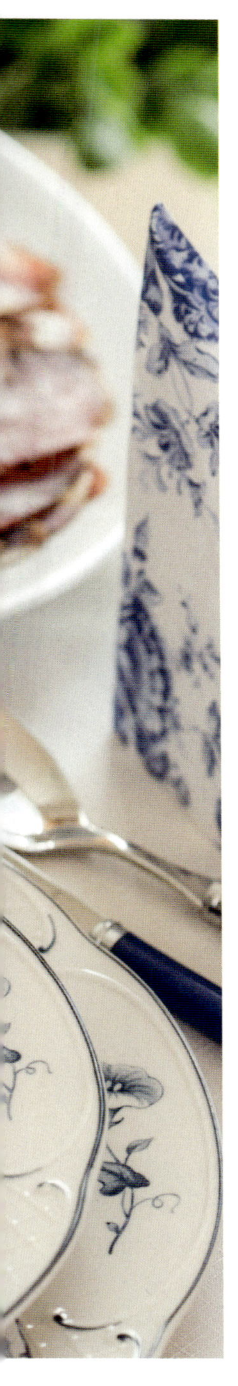

Eine Lieblingssuppe, die jeder Mann kochen kann

Der Kellner mit den lachenden Augen hinter der schmalen Brille, mit der weinroten Weste und dem blütenweißen Hemd ist einer der dienstältesten Mitarbeiter in den Weinstuben des Juliusspitals. Er kennt seine Gäste – und sie kennen ihn. „Herr Djordic, schön dass Sie wieder da sind, wir haben Sie vermisst! Wie war Ihr Urlaub in Kroatien? Was können Sie uns heute Gutes aus der Küche empfehlen?" Seine braunen Augen glänzen beim Erzählen, doch persönliche Geschichten spart der Wahlwürzburger diskret aus. In seiner Postion genießt man das Vertrauen der Stammgäste. Die Anekdote über den tadellos gekleideten Gast, der sich nach einem üppigen Menü noch ein Päckchen Zigaretten bringen ließ und dann die Zeche prellte, erzählt der sonst verschwiegene Mann jedoch gerne. Trotz geschulten Blickes und einer großen Portion Menschenkenntnis sieht man es einem Gast nicht immer an, was er im Schilde führt. Ist er auf Radau aus oder die Chemie stimmt nicht, übernimmt ein Kollege auf ein geheimes Zeichen hin den Service.

„Dieses Gericht hat etwas Gemütliches. Man sollte es mit Freunden genießen."

Wir kommen in friedlicher Mission und werden von Ehefrau Marta herzlich in Empfang genommen in einem Reihenhaus im Würzburger Stadtteil Rottenbauer. Sie führt uns durch den Flur in die Küche und lächelt: „Ihr solltet öfter vorbei kommen. Denn wenn mein Mann kocht, sieht unsere Küche hinterher tiptop aus!" Auf dem Herd köchelt das Lieblingsgericht von Jugoslav Djordic – Dicke-Bohnen-Suppe mit Schinkenspeck. Der Hausherr, in weißem T-Shirt und cremefarbenen Shorts, kommt hinzu: „Schön, dass ihr da seid! Ich habe die ‚juha od graha' schon vorbereitet. Die Bohnensuppe ist eine traditionelle Hausmannskost aus meiner kroatischen Heimat", erzählt er und fügt hinzu: „Ich

Dicke-Bohnen-Suppe mit Schinkenspeck

habe das Rezept von meinem Vater übernommen. Er hat für mich und meine fünf Geschwister davon riesige Mengen gekocht, als meine Mutter einmal mehrere Wochen im Krankenhaus bleiben musste. Die wenigsten kroatischen Männer können kochen. Aber dieses Gericht beherrschen alle."

Marta nickt belustigt und zeigt auf eine große Schinkenkeule, die in einen Schinkenhalter eingespannt ist. „Das Herzstück seines Lieblingsgerichts ist diese Schweinekeule, die wir aus Kroatien mitgebracht haben. Davon säbelt sich Jugo gerne immer ein Stück ab." Das tut der Kellner aus dem Juliusspital am liebsten spät in der Nacht, wenn er von der Arbeit kommt und seine weinrote Weste über den Bügel hängt.

Zu seinem Feierabendritual gehören auch ein Stück Bauernkäse und ein kühles Bier oder ein Glas Wein. „Im Sommer nehme ich meine Mitternachts-Vesper am liebsten mit auf unsere Terrasse, genieße die Ruhe und entspanne von meinem Arbeitstag", sagt Djordic.

Die nächtliche Oase ist umrahmt von zahlreichen Tomatenpflanzen, Kräuterbüschen und Erdbeer-Ranken. Hobbygärtnerin Marta, die in der Slowakei aufwuchs, kocht für ihre dreiköpfige Familie gerne Fränkisch, am liebsten aber mit Zutaten, die das Ehepaar von ihren Familienurlauben aus Kroatien mitbringt. „Die Rückfahrt ist immer eine Katastrophe", stöhnt Marta. Da sei der Kofferraum immer prall gefüllt mit einem neuen Schinkenbein, großen Käsestücken, einem Sack kroatischer Bohnen, Gläsern mit hausgemachtem Ajvar, Dutzenden Päckchen mit Franck Kaffee, Kisten mit Graševina Wein und anderen Spezialitäten, die in Unterfranken nicht so einfach zu bekommen sind.

„Mein Bruder schlachtet einmal im Jahr für uns ein Schwein und verarbeitet es zu Schinken, Koteletts, Steaks und Wurst. Die Qualität ist einmalig und wir nehmen immer etwas davon mit, wenn ich bei meiner Familie bin", sagt der Ober, der eigentlich Ordnungshüter werden wollte. In seinem letzten Ausbildungsjahr in der Bereitschaftspolizei, im Jahr 1991, brachen die Kroatienkriege aus. Der junge Mann floh aus seinem Heimatort Otok nahe der serbisch-ungarischen Grenze nach Deutschland. „Ich dachte, der Krieg ist irgendwann vorbei und ich kann wieder zurück. Dann folgte der Krieg in Bosnien", erzählt der ehemalige Polizeianwärter. Djordic kam nach München, wo er bleiben wollte. Doch auf seinem Zuweisungsbescheid stand „Würzburg". „Das ist doch eine wunderschöne Stadt", ermunterte ihn die zuständige Vermittlerin auf der Behörde. „Das interessierte mich damals überhaupt nicht. Heute sehe ich das auch so: Würzburg ist zauberhaft, es ist nun meine neue Heimat. Nur Dubrovnik ist vielleicht noch ein bisschen schöner", relativiert er und trägt zwei Suppenteller ins Wohnzimmer. Dort wartet schon ein üppig gedeckter Tisch mit Schinkenscheiben, Schafskäse von der Insel Paq, nachtschwarzen Oliven und Weingläsern auf uns. Die cremige Suppe wärmt wunderbar von innen und hat ein herrlich rauchiges Aroma, der Schinkenspeck zergeht auf der Zunge.

„Wäre Jugo in München geblieben, hatten wir uns nicht getroffen“, weckt mich Marta aus meinen genießerischen Gedanken und zupft eine Scheibe Schinken vom Teller. Der erste Job ihres Mannes als Küchenhilfe und Kellner in einem Würzburger Biergarten sollte nur vorübergehend sein. Doch es war der Beginn einer neuen Karriere und einer großen Liebe. „In diesem Garten traf ich meinen Jugo. Er gefiel mir auf den ersten Blick und ich habe ihn bei einer Tasse Kaffee in ein Gespräch verwickelt“, gesteht Marta. „Ich habe dann deine Telefonnummer vergessen“, ergänzt ihr Ehemann, zuckt die Schultern und grinst. Sie zeigt lachend mit dem Finger auf ihn und pariert: „Aber ich wusste, wo du wohnst, nämlich oben auf der Festung. Da konntest du mir nicht entkommen.“

Seine Freundlichkeit, sein Charme und sein Geschick im Umgang mit Gästen ergänzte Djordic im Laufe der Jahre durch Gastronomie-Schulungen und Sommeliers-Seminare. „Wenn man gerne isst, weiß man irgendwann auch, was man Gutes dazu trinkt“, sagt er schlicht und referiert mit Begeisterung über seinen Lieblingswein, Graševina aus Kutjevo: „Diese Rebsorte ist speziell im alten Einflussbereich der k.u.k.-Monarchie vertreten. Der gleichnamige Wein ist ein Klassiker unter den kroatischen Weißweinen und stammt wahrscheinlich aus Norditalien. In Österreich wird er ‚Welschriesling‘ genannt, in Ungarn ‚Olaszrizling‘, in Slowenien ‚Laški Rizling‘ und in Italien ‚Riesling Italico‘.“

Kroatische Kaffeekultur

Kaffee wird in Kroatien häufig getrunken: morgens, mittags und abends nach dem Essen, nachmittags zum Kuchen. Traditionellerweise trinkt man dort keinen Filterkaffee: Wasser und ein paar Teelöffel Zucker werden in ein Mokkakännchen gefüllt und auf dem Herd aufgekocht. Dann kommen ein paar Teelöffel sehr fein gemahlenes Kaffeepulver eingerührt und der Mokka wird so lange erwärmt, bis sich der Kaffeeschaum hebt und ein köstlicher Duft entsteht. Die populärste Kaffeesorte ist Jubilarna von Franck.

„Wisst ihr, dieses Gericht hat wirklich etwas Gemütliches. Man sollte es mit Freunden genießen“, unterbricht der Hausherr seinen Vortrag, prostet uns zu und fragt mit der Höflichkeit des Kellners: „Wem darf ich noch Suppe servieren? Oder ein Gläschen vom hausgebrannten Schnaps zum Verdauen?“ Oh, ja gerne! Zum Abschluss des reichhaltigen Mahls serviert uns Marta noch eine Tasse Mokka aus kroatischem Jubilarna-Kaffee, blickt in die Runde und sagt: „Wir brauchen nicht viel im Leben. Aber was man isst und trinkt, das sollte etwas Gutes sein. Denn nur Gott weiß, ob man morgen noch wach wird.“

Jugoslav Djordic

Dicke-Bohnen-Suppe mit Schinkenspeck

Zutaten für 4 Personen:

- 400 – 500 g luftgetrockneter Schinken am Stück oder 4 geräucherte Rippchen
- 2 Tassen kroatische bunte Bohnen, getrocknet
- 1 El Schweinefett
- 2 El Mehl
- 1 große Zwiebel
- Vegeta Podravka (kroatisches Universalgewürz, vergleichbare deutsche Produkte sind Aromat oder Fondor.)
- je 1 gehäufter Tl süßes und scharfes geräuchertes Paprikapulver
- Salz und Pfeffer nach Geschmack

Und so wird's gemacht:

- Bohnen über Nacht in Wasser einweichen. Vor dem Kochen in ein Sieb geben und kalt abbrausen. Dann in einen Topf füllen, mit kochendem Wasser übergießen, bis die Bohnen bedeckt sind und köcheln lassen, bis sie weich sind. Achtung: Kein Salz ins Kochwasser geben, sonst werden die Bohnen nicht weich!
- Einen Dämpfeinsatz in einen Kochtopf stellen, den Boden des Topfs mit Wasser bedecken. Schinken hineinlegen.
- Bei geschlossenem Deckel und mittlerer Hitze etwa zwei Stunden garen. Zwischendrin etwas Wasser angießen, damit nichts anbrennt. Inzwischen Zwiebeln fein würfeln.
- Fertig gegarten Schinken in mundgerechte Stücke schneiden und zu den Bohnen geben.
- Aus geschmolzenem Schweinefett, Mehl und Zwiebeln eine Mehlschwitze zubereiten. Zu den Bohnen in den Topf einrühren. Nach Gusto mit kroatischem Universalgewürz, Paprikapulver, Salz und Pfeffer abschmecken.
- Dazu passt Baguette oder Bauernbrot.

Dobar Tek! Guten Appetit!

Lieblingsgericht aus einem Roman

Das Meer war unruhig in dieser Nacht, obwohl es ganz windstill und warm war. Wir saßen bei ‚Tetou' und aßen Bouillabaisse. Als wir von Juan-les-Pins abgefahren waren, hatte Angela gesagt, dass sie hungrig sei. „Hast du Lust auf Bouillabaisse?" „Große, ja. Warte, da gehen wir am besten zu..." „‚Tetou', sagte ich schnell, denn mir war eingefallen, dass der Taxichauffeur, der mich bei meinem ersten Eintreffen von Nizza nach Cannes fuhr, dieses Lokal empfohlen hatte. „Bei ‚Tetou' gibt es die beste Bouillabaisse an der Küste", sagte ich. Angela sah mich überrascht von der Seite an. „Woher weißt du das?"

Die Antwort kennt nur der Wind" – Der Bestseller von Johannes Mario Simmel und die legendäre Restaurantszene weckten den Appetit eines Würzburger Studenten. Der Bestseller, der im Jahr 1973 erschienen ist, gefiel dem jungen Mann. Ebenso wie die literarische Mischung aus Spannung, Landschaftsbeschreibung und Liebesromanze. „Eine Jugendsünde, die mir heute peinlich ist. Immerhin habe ich einen Ruf zu verlieren", sagt der einstige Simmel-Fan Roland Flade. Der promovierte Historiker fügt lachend hinzu: „Dieser Roman muss mich enorm beeindruckt haben. Diese Szene im Fischrestaurant ging mir einfach nicht mehr aus dem Kopf und diese Bouillabaisse wollte ich unbedingt nachkochen. Das war für mich das Non-plus-ultra des raffinierten Kochens."

„Meine Freunde werden sich wundern, dass ich das Kochen entdeckt habe."

Der renommierte Historiker, Stadtforscher und Schriftsteller befand sich damals in bester Leserschaft: Immerhin erschienen die Romane des Wiener Erfolgsautoren in 40 Ländern, ihre Auflage sprengte die 73-Millionen-Grenze. „Simmel hat wie kaum ein anderer zeitgenössischer Autor einen fabelhaften Blick für Themen, Probleme, Motive", lobte der gestrenge Literaturkritiker Marcel Reich-Ranicki den Bestseller-König der Siebziger Jahre. Eine Absolution für den Würzburger Studenten und seine heimliche Leidenschaft für Bouillabaisse.

Aber wie wurde aus der kulinarischen Romanvorlage das Lieblingsgericht von Roland Flade? Während eines längeren Aufenthalts in Berlin, wo seine Söhne Lukas und Kilian leben, fand

der Würzburger die Lösung. Sie war zum Greifen nah – in Form eines kleinen Päckchens mit Rezeptkarte und portionierten Gewürzen. Als Flade durch sein Stadtviertel Prenzlauer Berg schlenderte, kam er an einem kleinen Laden mit Schaukästen vorbei, in denen selbst gemachte Produkte kleiner Manufakturen angeboten wurden. In einem Regal entdeckte er Gewürzsets für Gerichte. Seine heimliche Leibspeise „Französische Bouillabaisse mit Rouille" war auch dabei – mit einer detaillierten Kochanleitung für Anfänger. Das Rezept war eine einfache Interpretation des Mittelmeer-Klassikers. „Ich war begeistert, denn an so etwas hätte ich mich sonst nie gewagt", erzählt er.

Wenig später tischte Flade seinen Söhnen zum ersten Mal eine selbst gekochte Bouillabaisse auf. „Ich und meine Jungs waren so begeistert, dass ich die Fischsuppe seitdem öfter koche – und sie gelingt mir immer", verrät der spät berufene Hobbykoch. Auch für Gäste hat er schon nach dem Berliner Bausatz gekocht. „Meinem Besuch hat es immer wunderbar geschmeckt. Mir ja sowieso", betont er, öffnet eine Türe seines Küchenschranks und nimmt ein Gewürz-Set für Bouillabaisse heraus. An diesem Wochenende ist sein Sohn Lukas aus Berlin zu Gast und assistiert am Herd. Frische Zutaten wie Lauch, Zwiebeln, Knoblauch, Tomaten und Seelachsfilet haben Vater und Sohn schon vorbereitet. Nun blickt der Vater konzentriert auf die Anleitung im doppelten Postkartenformat, nach der er vor unseren Augen in nur sechs Arbeitsschritten zum Fischsuppenkoch werden wird.

Gewürze, perfekt portioniert:
Das Gewürzpäckchen für die Bouillabaisse enthält Orangenschale, Lorbeerblätter, Sternanis, Thymian, Estragon, Pfeffer und Salz. Die fertige Gewürzmischung gibt es im Internet bei Schusters Würzerei.

Und los geht's: „Die Gemüsebrühe in einem Liter Wasser auflösen. So, was muss ich jetzt als nächstes machen? Aha, Zwiebeln und der gehackte Knoblauch müssen da jetzt rein", liest Flade, fährt mit dem Zeigefinger die Textzeilen entlang und hält sich dabei akribisch an die Rezeptbeschreibung, als wäre sie ein Bauplan für ein Ikea-Regal. „Ich war mal ganz nah dran

an meinem Lieblingsgericht auf einer Pressereise in Marseille. Aber ich habe keine Bouillabaisse bestellt, weil ich Angst hatte das Schiff zu verpassen", erinnert sich der ehemalige Redakteur der Tageszeitung „Main-Post" und Experte für Würzburger Zeitgeschichte.

In Kindertagen war Essen für den gebürtigen Aschaffenburger meist verbunden mit Sättigung, nicht mit Genuss. „Fleisch gab es in der Regel nur einmal in der Woche. Unser Sonntagsessen war oft ein Hähnchen. Für vier Personen. Wir Kinder haben immer die Flügel bekommen und uns mit Kartoffeln satt gegessen", erzählt er. Zu den Forschungsgebieten des promovierten Historikers gehören der Erste und Zweite Weltkrieg. „Da sind viele Menschen verhungert. Ich habe zwar nie gehungert, aber noch heute empfinde ich es als unverdientes Glück, einen gefüllten Kühlschrank zu haben." Der nächste Arbeitsschritt steht an: Die Fenchelsamen und das Tomatenmark in den Topf geben. „Welchen Topf nehme ich denn da? Kannst du das übernehmen, Lukas?", delegiert er an seinen Sohn. Die Übergabe klappt. Lukas ist schließlich Hobbykoch, ausgebildeter Systemgastronom und betreibt mit seinem Bruder im Wedding eine Szenebar, die „Moritz Bar."

Zurück zum Herd: Schritt vier – Würzen und Abschmecken – ist wieder Papas Sache. Flades Freundin Marion, die inzwischen dazu gestoßen ist, mixt die Rouille, eine Knoblauch-Mayonnaise und traditionelle Begleiterin der Bouillabaisse. „Das Kochen macht mir wirklich Spaß und ich werde immer mutiger", ruft Roland Flade gegen den lärmenden Stabmixer an und fügt kaum hörbar hinzu: „Meine Mutter ist gestorben, als ich zwölf Jahre alt war. Sonst hätte ich vielleicht ein Lieblingsrezept von ihr. Aber ich erinnere mich an ihren köstlichen Frankfurter Kranz. Nach diesem Geschmack suche ich in Konditoreien und Cafés. Aber ich habe ihn bisher noch nicht gefunden." Nach weiteren drei Arbeitsschritten für die Suppe ist es so weit: Roland Flade serviert sein köstlich duftendes Lieblingsgericht und zitiert dazu eine passende Passage aus seinem einstigen Lieblingsroman: „Wir aßen heißhungrig. Es war eine herrliche Bouillabaisse, der Taxichauffeur hatte recht gehabt."

Bouillabaisse

Bouillabaisse mit Rouille nach Berliner Art

Zutaten für 4 Personen:

- 1 Gewürz-Päckchen Französische Bouillabaisse von „Schusters Würzerei“
- 600 g weißer Fisch (frisch oder TK-Seelachsfilet)
- Garnelen (TK oder frisch)
- 1 Stange Porree
- 1 mittelgroßer Fenchel
- 2 Stängel frische Petersilie
- 2 Zwiebeln
- 4 Knoblauchzehen
- 1 El Tomatenmark
- 2 Dosen gehackte Tomaten à 400 g
- 180 ml Sonnenblumenöl
- 1 Eigelb
- 1 Prise Cayennepfeffer
- Salz und Pfeffer
- Baguette (davon 3 – 4 Scheiben für die Rouille)
- Nach Gusto 100 ml Weißwein oder 50 ml Pastis

Und so wird die Boulliabaisse gemacht:

- Fisch in 4 x 2 cm große Stücke schneiden. TK-Fisch vorher auftauen, erst dann würfeln. Zwiebeln häuten und fein würfeln. Petersilie abbrausen und fein hacken. Vier Knoblauchzehen häuten und fein hacken. Die Hälfte der Menge für die Rouille aufheben. Porree und Fenchel waschen, Porree in feine Ringe, Fenchel in Würfel schneiden. Gemüsebrühe in einem Liter kochendem Wasser auflösen.
- Olivenöl in einem großen Topf auf mittlerer Stufe erhitzen. Zwiebeln und Knoblauch zwei Minuten dünsten, dann den Porree und den Fenchel zugeben und weitere fünf Minuten andünsten.
- Fenchelsamen und Tomatenmark in den Topf geben und etwa drei Minuten unter stetem Rühren andünsten lassen. Dann die Tomaten hinzugeben. Wer mag, kann das Gemüse mit Weißwein oder Pastis ablöschen. Dadurch erhält die Suppe ein kräftigeres Aroma. Nun die Gemüsebrühe angießen und umrühren.
- Orangenschale, Lorbeerblätter, Sternanis, Thymian, Estragon, Pfeffer und Salz hinzugeben und kurz umrühren. Die Hitze reduzieren und die Suppe 25 Minuten sanft ohne Deckel köcheln lassen. Das Gemüse sollte weich und die Suppe etwas sämig sein. Ist die Suppe zu dickflüssig, etwas Wasser oder Weißwein angießen.
  (Während die Suppe köchelt, kann die Rouille zubereitet werden.)
- Kurz vor Ende der Garzeit den Fisch und die Meeresfrüchte zur Suppe geben und circa fünf Minuten bei niedriger Hitze und geschlossenem Deckel gar ziehen lassen.
- Suppe nach Gusto mit Salz und Pfeffer würzen. Mit etwas Petersilie garnieren, mit Baguette und Rouille servieren.

So wird die Rouille gemacht:

- Von vier Scheiben Baguette die Ränder abschneiden, das Brot in kleine Würfel schneiden und in etwas Wasser einweichen.
- Mit einem Stabmixer das Eigelb mit dem restlichen Knoblauch mixen.
- Das Brot mit der Hand ausdrücken, zusammen mit dem Cayennepfeffer in die Eimasse geben und weitermixen.
- Nun in feinem Strahl tröpfchenweise das Sonnenblumenöl hinzugeben, dabei ständig weitermixen. Die Rouille sollte die Konsistenz von Mayonnaise haben. Wenn sie zu dick wird, einfach mit etwas Wasser verdünnen. In ein Schälchen füllen und zur Bouillabaisse servieren.

Vom Reste-Essen zum Kultur-Klassiker

Der Mittelmeer-Klassiker war früher ein Arme-Leute-Essen, das traditionell aus Fischabfällen gekocht wurde. Die Fischsuppe hat sich längst zum Klassiker der französischen Küche entwickelt. Wer sie am Originalschauplatz aus dem Roman von Johannes Mario Simmel essen möchte, hier die Adresse: Restaurant TETOU, 8 Avenue des Frères Roustan, 06220 Golfe Juan

Etwas zu zweit zu genießen ist am schönsten

Sonnengelbe Kräutertöpfe hängen draußen am Balkongitter. Wir stehen in der schmalen Küche, die ein Durchschnittsleben mit standardisierten Einbauschränken und gefliesten Wänden geführt hätte. Nicht so bei Thomas Paul und Anja Flicker: Marmor-Steinputz in Beton-Optik statt bunter Kachellandschaften, offene Regale anstelle von Hängeschränken. Die Arbeitsflächen bestehen aus stabilen Multiplex-Holzplatten mit orangerot-beschichteter Oberfläche. In der Ecke dampft eine italienische Espresso-Maschine für Profibaristi. Auf dem großen Spülbecken aus Granit thront eine Einhand-Armatur mit Geschirrwaschbrause, wie man sie sonst in der Gastronomie findet. In dieser Küche wird nicht geköchelt, hier wird gekocht.

Meist steht der Hausherr am Herd – mit Vorbinder, einem neuen Rezept und einer kräftigen Prise Inspiration. „Kochen ist für mich Handwerk, dazu brauche ich gutes Handwerkszeug. Und es fasziniert mich, wie Aromen miteinander harmonieren, die ich so gar nicht auf dem Schirm hatte. Bei mir schmeckt es nie gleich", sagt Thomas Paul und löst mit geübter Hand und einem sorgfältig geschliffenen Messer gleichmäßige Filets aus dem Kaninchenrücken. Mit einer Füllung aus Oliven-Kräuter-Paste und einem Mantel aus Mangold entsteht das Lieblingsgericht des Paars: Kaninchen im Mangoldrock. Dieses Gericht war eines ihrer schönsten gemeinsamen Urlaubsgenüsse. „Ich reiste schon immer gerne in die Provence, die kannte Anja noch nicht. Deshalb wollte ich ihr meine Lieblingsorte zeigen – und meine Lieblingsrestaurants", erzählt der Hobby-

koch und legt den Arm um seine Liebste. „Kaninchen im Mangoldrock war eine Entdeckung für uns, das ist uns bis heute im Gedächtnis geblieben. Dann hat Thomas das Rezept in einem Kochbuch gefunden, seitdem kochen wir es oft nach. Zu besonderen Anlässen wie Weihnachten oder wenn wir gute Freunde einladen", ergänzt Anja Flicker. Sie ist Leiterin der Stadtbücherei Würzburg, Expertin für Wissensmanagement und eine international gefragte Referentin. Gemeinsam mit ihrem Team hat sie die Methoden des Wissenstransfers erfolgreich in ihrer Bibliothek umgesetzt. Das persönliche Motto der Wissensmanagerin ist ein Zitat von Hilde Domin: „Ich setzte meinen Fuß in die Luft und sie trug." Die wenige Freizeit, die neben ihrer Arbeit und Lehrvorträgen bleibt, genießt die Bibliothekarin gerne mit ihrem Lebensgefährten bei einem guten Essen.

Safransuppe & Kaninchen im Mangoldrock

Gemeinsam am Esstisch zu sitzen und sich zu unterhalten, das ist ein Ritual aus ihrer Kindheit: „Ich war in den Ferien oft in Bernau am Chiemsee bei meiner Großmutter auf einem Bauernhof. Um 12 Uhr gab es immer Mittagessen. Die Gerichte auf dem Tisch hat die Oma aus nur wenigen Zutaten gezaubert – immer lecker und frisch. Mit einer Suppe vorweg, mit Salat aus dem eigenen Garten und Eiern von den eigenen Hühnern", erzählt sie.

> „Gute bürgerliche Küche ist in Ordnung. Aber gut bürgerliche Küche ist nicht unbedingt ein Qualitätsmerkmal."

Als Anja zum Studium nach Köln zog, steckte ihr die Großmutter einen karierten Schreibblock zu. Darin hatte sie der Enkelin einige Lieblingrezepte aufgeschrieben und das improvisierte Kochbüchlein mit dem Titel „Für die junge Köchin" versehen. „Oma meinte, jetzt müsse ich das mal lernen mit dem Kochen. Aber ich hatte nur eine winzige Herdplatte hinter einer Schranktüre und ging lieber in die Mensa", sagt sie und ergänzt: „Ich habe leider nie richtig angefangen damit. Deshalb bin ich froh, dass Thomas gerne kocht. Das genieße ich sehr."

Ihr Leib- und Seelenkoch hat während seines Studiums die Küche für sich entdeckt: „Meine Mutter hat am Telefon immer gefragt: ‚Bub, was gibt's bei Dir am Wochenende?' und hat dann meine Rezepte hin und wieder nachgekocht", erzählt Thomas mit einem Schmunzeln.

Wenn der Coach und Mediator kocht, tut er es mit Leidenschaft und Ehrgeiz: „Ich habe mal meine Schulkollegen zum Tee eingeladen. Ich hatte ein Rezept für Windbeutel. Die wollte ich genau so machen, obwohl ich vom Backen damals keine Ahnung hatte“, erinnert er sich.

Seine Backpremiere meisterte er mit Bravour. Seine Mitschüler und seine Mutter waren beeindruckt. „Da habe ich gemerkt: Man muss keine Angst haben, wenn man etwas zum ersten Mal ausprobiert“, sagt er und kassiert einen Kuss von seiner Beiköchin. „Ich bin nicht so mutig wie Thomas. Wenn's in der Pfanne zu heiß wird, ist das nicht meins. Aber Risotto, das bekomme ich hin. Das ist wie ein Kinderessen für Erwachsene. Es erinnert mich an den Milchreis meiner Oma. Das macht so ein wohliges Gefühl im Bauch“, sinniert Anja.

Ein wohliges Gefühl beschert uns auch die Safransuppe, die Thomas zubereitet, während der Kaninchenrücken sanft im Rohr schmort. Für die Hühnerbrühe als Basis hat er eigens

Hühnersalat to go
Aus dem Suppenhuhn lässt sich ein schneller Hühnersalat fürs Büro zum Lunch zaubern. Dazu das Hühnerfleisch abzupfen, mit Ananasstückchen (aus der Dose, im eigenen Saft) und etwas Ananassaft, einer Handvoll zerkleinerter Walnusskernen oder Mandeln vermengen. Dann 1 – 2 El Schmand unterrühren, mit einem Spritzer Zitrone sowie mit Salz und nach Gusto mit einer Messerspitze Cayennepfeffer oder Curry abschmecken.

ein Suppenhuhn gekocht. „Das gibt einfach mehr Geschmack“, kommentiert er und sucht die Küchenregale nach einer seiner selbst gemachten Gewürzmischungen ab. Dort reihen sich auch einige Kochbücher aneinander. Noch viel mehr davon stehen in einem Regal im Flur. „Ich koche überwiegend nach Kochbüchern, weil ich gerne neue Sachen ausprobiere. Momentan habe ich eine marokkanische und persische Phase“, verrät der Hobbykoch seine kulinarischen Inspirationsquellen.

„Ausgiebig kochen, das machen wir meist am Wochenende. Nach einem gemütlichen Frühstück mit Zeitunglesen und einem Espresso zum Abschluss. Danach gehen wir gerne zusammen auf den Markt“, erzählt Thomas Paul. „Meist habe ich eine Idee und lasse mich inspirieren. Anja schärft dann meine Vorstellung. Sie ist auch die Abschmeckerin und die Kräuterfrau“, beschreibt Thomas die kulinarische Arbeitsteilung. Dieses Ritual hat sich Anja aus Kindertagen bewahrt: „Meine Brüder und ich sind immer, mit der Küchenschere bewaffnet, in Omas kleinen Kräutergarten, um Schnittlauch oder andere Zutaten für den Salat und die Suppe zu holen. So einen Kräutergarten hätte ich auch gerne“, sagt sie und blickt durch die offene Balkontüre.

Anja Flicker & Thomas Paul

Safransuppe

Zutaten für 4 Personen:

- 1 kleines Suppenhuhn
- Suppengrün
- 1 große Zwiebel
- 3 Karotten
- 4 Kartoffeln
- 6 – 8 Safranfäden
- 150 ml Schlagsahne
- Fenchelsamen
- Salz und frisch gemahlener weißer Pfeffer

Und so geht's:

- Suppengrün putzen, in grobe Stücke schneiden, Zwiebel schälen und achteln, Suppenhuhn abbrausen, mit dem Gemüse und einer Prise Salz in einen hohen Kochtopf geben. Wasser angießen, bis das Huhn bedeckt ist. Kurz aufkochen lassen, dann bei mittlerer Hitze und geschlossenem Deckel etwa 90 Minuten köcheln lassen. In der Zwischenzeit Kartoffeln und Karotten schälen und in grobe Stücke schneiden. Fenchelsamen in einem Mörser zerstoßen.
- Ist das Hähnchen weich, etwa einen Liter der Brühe durch ein Sieb in einen Topf füllen. In der Brühe die Karotten und Kartoffeln kochen. Sind diese weich, die Brühe mit einem Pürierstab sämig pürieren, mit weißem Pfeffer, Fenchelsamen und Salz würzen.
- Safranfäden in einer Espressotasse oder kleinem Porzellanmörser fein zerreiben und in etwas warmem Wasser auflösen. In der Zwischenzeit die Sahne steif schlagen. Safran in die Suppe einrühren, diese durch ein Sieb streichen, etwa Dreiviertel der geschlagenen Sahne unterziehen und auf Suppentellern verteilen. Mit je einem Klecks Schlagsahne verzieren. Dazu eine Scheibe Toast oder Brioche reichen.

Safransuppe & Kaninchen im Mangoldrock

Kaninchen mit Olivenfarce

Zutaten für 4 Personen:

- 1 Kaninchenrücken
- 200 g Mangoldblätter (ohne Stängel)
- je 1 Bund glatte Petersilie und Basilikum
- 100 g schwarze Oliven (ohne Stein)
- 2 Eier
- 150 g altbackenes Weißbrot oder Semmeln
- 150 ml Milch
- 4 – 5 Anchovifilets
- 1 Zwiebel
- 2 – 3 Knoblauchzehen
- Olivenöl
- Muskatnuss
- Salz und Pfeffer

Für die Sauce:

- Saft von 2 Zitronen
- 1 Tasse Gemüsebrühe
- 4 El Olivenöl
- 4 El gehackte Petersilie
- Salz und Pfeffer

Und so geht's:

- *Für die Olivenfarce* Brot oder Semmeln würfeln, mit heißer Milch übergießen und einweichen lassen. Zwiebeln und Knoblauch häuten und – ebenso wie die Anchovis und Oliven – fein hacken.
- In einer Pfanne mit Olivenöl Zwiebeln und Knoblauch weich dünsten, etwas auskühlen lassen. In der Zwischenzeit Petersilie und Basilikum abbrausen und trocken tupfen. Die Kräuter von den Stielen befreien und fein hacken. Anschließend mit Brot, Anchovis, Oliven, Eiern vermischen, mit Salz und Pfeffer abschmecken. Wenn die Farce nicht geschmeidig genug ist, noch etwas Olivenöl hinzugeben.

- *Für den Kaninchenrücken* Backofen auf 180 Grad vorheizen. Mit einem scharfen Messer die Rückenfilets und die echten Filets (sitzen unterhalb der Knochen) vom Kaninchenrücken auslösen. Mangoldblätter sorgfältig entstielen, kurz in heißes Wasser tauchen (blanchieren). Wenn die Blätter zusammenfallen, sofort kalt abschrecken. Mangoldblätter auf einem Küchentuch zu einer rechteckigen Fläche auslegen (etwas länger als die Filets und etwa viermal so breit).
- Die Filets nebeneinander auf das Mangoldbett legen, mit der Hälfte der Farce bestreichen und etwas andrücken. Das geht am besten mit einem breiten Kochlöffel.
- Die andere Hälfte der Farce in ein gefettetes Souffléförmchen streichen (ca. 2 cm hoch) und mit Alufolie abdecken.
- Mithilfe des Tuchs die Mangoldblätter über das Fleisch und die Füllung schlagen und darin einwickeln – vorne und hinten nach unten umschlagen. Dann die Rolle vorsichtig in einen gefetteten Bräter legen und mit Olivenöl bestreichen.
- Der Bräter und die Soufflé-Förmchen kommen für 25 bis 30 Minuten in den Ofen. In der Zwischenzeit aus der Gemüsebrühe, dem Zitronensaft, Olivenöl, Petersilie, Salz und Pfeffer eine Sauce anrühren, in einen kleinen Topf geben und kurz vor dem Ende der Garzeit des Kaninchens bei geringer Hitze erwärmen.
- Zum Servieren die Kaninchenrolle quer in fingerdicke Scheiben schneiden und auf Tellern anrichten.
- Je einen Brotpudding vierteln, dazugeben und die Sauce über das Fleisch träufeln.

Voilà, bon appétit!

Rezepte als Zeitzeugen und Mehlspeisen-Premiere mit Hindernissen

Ich öffne die oberen Schnallen meiner schweren Skischuhe und ziehe die rot-weiß gestreifte Wollmütze vom Kopf. Hungrig stapfe ich auf die alte Holztüre zu, die sich mit einem Knarzen öffnen lässt. Es duftet nach warmem Kaiserschmarrn mit Rosinen und karmellisiertem Zucker. Die Tannerin ruft: „An guadn, ihr Schihoaserl!". Ich öffne die Augen. Die Szene aus meiner Kinder-Skifreizeit in Bayrischzell, unweit des Schliersees, verfliegt. Der köstliche Duft aber bleibt. Ich sitze an einem alten Holztisch in der Küche von Regina Frisch. Vor mir auf dem Teller wartet eine große Portion mit Kaiserschmarrn auf mich. „Probiere das Kirsch-Johannisbeer-Kompott dazu", fordert mich die Gastgeberin auf und stellt eine Schale auf den Tisch. „Die Früchte habe ich heute Morgen im Garten gepflückt und schnell eingekocht. Frisch schmeckt das Kompott am besten."

„Zum Kochen nach Rezept muss ich Zeit haben. Meist mache ich, was der Kühlschrank so hergibt."

Je nach Jahreszeit, Lust und Laune variiert sie die Beilage für ihre Lieblingsmehlspeise. „Im Herbst koche ich gerne Hollerkompott aus Holunderbeeren, Zwetschgen und Birnen", sagt sie und gießt mit einer Schöpfkelle den Rest des flüssigen Teigs in die Pfanne. Damit aus einem Pfannkuchen ein luftig-leichter, knuspriger Schmarrn wird, braucht man Geduld, Fingerspitzengefühl und viel Erfahrung. Diesen Dreiklang beherrscht die promovierte Sprachwissenschaftlerin, die seit Studententagen gerne backt und kocht. „Mein Bruder – ein gebürtiger Berliner, der wie ich seit Jahren in Bayern lebt – hat mir das ‚Bayerische Kochbuch' im Studium geschenkt. Das war keine Liebe auf den ersten Blick, aber ich habe es mit den Jahren schätzen gelernt", erzählt Frisch. Die erste Auflage des blauen Buchs entstand um 1910 im oberbayerischen Miesbach an der dortigen Frauenschule „zur Benutzung in Wanderkochkursen".

Regina Frisch

Damals war es noch eine dünne grüne Kladde, und wurde von Wanderlehrerinnen ins ganze Königreich Bayern getragen. Heute ist das Buch ein Bestseller mit über 1,6 Millionen verkauften Exemplaren in der 56. Auflage und in fast jedem bayerischen Haushalt zu finden.

Aus diesem Standardwerk stammt auch die Lieblingsmehlspeise von Regina Frisch: „Unser Nachbar mochte so gerne Kaiserschmarrn. Ich dachte, damit überrasche ich ihn einfach mal. Ich blätterte in meinem Kochbuch, besorgte die Zutaten und legte los", erinnert sie sich. Die Premiere verlief reibungslos – bis zum vorletzten Absatz des Rezepts: „... zum Schmarrn zerstoßen", hieß es dort. Sie hatte keine Ahnung, was damit gemeint war und rief ihren Ehemann zu Hilfe. „Der hat mir dann erklärt, was ich tun soll. Das war für mich ein Aha-Erlebnis. Mir wurde durch dieses Rezept klar, dass es eine wirklich anspruchsvolle Arbeit ist, die einzelnen Schritte möglichst präzise zu beschreiben und so zu formulieren, dass es für jeden nachvollziehbar und verständlich ist."

Eine neue Portion Kaiserschmarrn landet auf meinem Teller. Gabel für Gabel genieße ich den knusprig-süßen Schmarrn. Wie früher als Schihoaserl spüre ich ein wohlig-warmes Gefühl im Bauch. Essen weckt Erinnerungen. Manchmal auch an Zeiten, die von Entbehrung, Hunger und Krieg geprägt sind. Auch davon erzählt das blaue Buch, das die Linguistin wissenschaftlich unter die Lupe nahm. Und das kam so: Als das Geschenk ihres Bruders aus dem Leim ging, besorgte sie sich eine neue Ausgabe des „Bayerischen Kochbuchs" – und entdeckte Unterschiede.

Die Sprachwissenschaftlerin, die sich auf ihrer Website „Resteferwertung“ mit historischen Kochbüchern beschäftigt, spürte weitere Exemplare des „Bayerischen Kochbuchs“ auf, untersuchte und verglich die überarbeiteten Auflagen aus mehr als 100 Jahren. Dabei stieß sie auf Bemerkenswertes aus der Politik und Zeitgeschichte, das bislang in keinem Schulbuch zu finden war: „Im Ersten Weltkrieg wurden Gerichte mit französischem Namen einfach umbenannt, aus ‚Boeuf à la mode‘ wurde Brühfleisch, aus Püree wurde Brei, aus Goulasch wurde Gulasch“, berichtet sie, während sie die Kaffeemaschine in Gang setzt.

Kulinarische Trends des 21. Jahrhunderts wie etwa „Nose to Tail“ – von der Schnauze bis zum Schwanz – sind gar nicht so neu, erfahre ich. Es galt schlichtweg als Verschwendung, das Tier nicht komplett zu verwerten. Nach dem aktuellen Trend „leaf to root“ – vom Blatt bis zur Wurzel – kochte man schon im Ersten Weltkrieg. Alles musste verwertet werden. Man bereitete z.B. Rhabarberblätter wie Spinat zu.

Auch die vegetarische Küche war Anfang des letzten Jahrhunderts „en vogue“. Manche konnten sich das teure Fleisch nicht leisten, andere aßen aus Überzeugung kein Fleisch. Schon damals war Vegetarismus ein Lebensstil. Und nicht zu vergessen: die Fastenzeit: Aus dem „Bayerischen Kochbuch für Fleisch- und Fasttäge“ von 1800 ist ein Rezept für gebratene Biberschwänze überliefert. Das war kein Druckfehler. Biber galten wie Fische als Wassertiere. Deren Fleisch war daher auch auch an Fastentagen erlaubt.

„Insgesamt betrachtet, ist die altbayerische Küche eine Mehlspeisen- und Rindfleischküche“, referiert Frisch. „Ich dachte, sie sei eine deftige Braten- und Schweinefleischküche. Das habe

Kaiserschmarrn mit Kirsch-Johannisbeer-Kompott

Legende um den Kaiserschmarrn

Als ein Hofküchen-Pâtissier, der für Kaiserin Elisabeth „schlanke" Desserts entwickelte, mit einer neuen Komposition die Adelige nicht begeistern konnte, soll sich der Kaiser über das Dessert hergemacht haben mit den Worten: „Na geb' er mir halt den Schmarren her, den unser Leopold da wieder z'sammenkocht hat."

ich im Laufe meiner Forschungen revidieren müssen. Und die Bayern essen gerne Innereien, die in der traditionellen Küche noch heute zubereitet werden." Diese und weitere spannende sprachliche und kulturgeschichtliche Beobachtungen hat sie in ihrem Buch „Biografie eines Kochbuchs" versammelt und damit ein Standardwerk geschaffen.

Bei einer Tasse Espresso zum Abschluss des Lieblingsmahls der Linguistin stelle ich fest: Kochbuch-Geschichte ist keine mehlstaubige Angelegenheit, sondern so spannend wie das Überraschungsmenü eines Sternekochs. Doch die Muße, mit der Kochpinzette und der Akribie eines Uhrmachers einen Teller anzurichten, hat Regina Frisch nicht. Ihr silberblonder Lockenkopf ist ständig in Bewegung.

„Kochen muss bei mir schnell gehen, bis vor kurzem haben wir noch zu fünft am Tisch gesessen, da muss ich mich erst ans Umrechnen gewöhnen. Viele meiner Gerichte sind traditionell und ich koche gerne nach Rezept, wenn ich Zeit habe. Aber ich pfusche auch oft ein wenig, wie beim Kaiserschmarrn", gesteht sie und verrät „Da sollen 50 Gramm zerlassene Butter in den Teig. Die lasse ich an dieser Stelle weg und gebe sie direkt in die Pfanne.
Da fackel' ich nicht lange."

Wenn der Kochbuchforscherin zwischen ihren kulinarischen Forschungen, Fachvorträgen und Lesungen Zeit bleibt, kocht sie auch gerne für Freunde, probiert Neues aus oder verfeinert Klassiker. Bestimmt wird ihr eines Tages auch das Lieblingsgericht ihrer Kindheit gelingen. „Das Gulasch von meiner Mutter, mit Gewürzgurken in der Soße. Den Geschmack und den Duft werde ich nie vergessen."

Regina Frisch

Kaiserschmarren

Zutaten für 4 Personen als Hauptgericht oder für 6 – 8 Personen als Dessert:

- 300 g Mehl
- Prise Salz
- 1/2 l Milch knapp
- 5 – 6 Eier getrennt
- 80 g Rosinen
- 2 El Rum
- zum Backen: reichlich Butter
- zum Karamelisieren: Zucker

Und so wird's gemacht:

- Rosinen mit kochendem Wasser überbrühen und abtropfen lassen. Dickflüssigen Pfannkuchenteig ohne Eiweiß herstellen. Rum und Rosinen unterrühren.
- Eiweiß steif schlagen und unter den Teig ziehen.
- Butter in einer Pfanne erhitzen, etwa ein Zentimeter hohe Teiglage eingießen, warten bis der Boden gebacken ist, wenden. Das kann in großen Portionsstükken geschehen. Wieder abbacken, dann mit dem Pfannenheber in größere Stücke zerteilen. Goldgelb backen und mit Zucker bestreuen und karamelisieren lassen. Warm stellen und die nächste Portion backen.
- Dazu Kompott der Saison reichen, beliebt ist im Herbst und Winter das Hollerkompott aus Holunderbeeren, Zwetschgen und Birnen.

Von wegen brotlose Kunst!

„Er hat einen Sensus für Räume, auch öffentliche, die er mit seinen skulpturalen Arbeiten besetzt, verändert und den Betrachter zum näheren Hinsehen verleitet. Gerne genutztes Material ist dabei Kunststofffolie, die wir als Frischhaltefolie aus dem Haushalt kennen, und die zusammen mit anderen Kunststoffen für unseren Planeten nicht ‚verdaubar' ist. Es ist immer wieder erstaunlich, wie Max Gehlofen dieses so achtlos benutzte Material in einem künstlerischen Prozess verwandelt und welche poetische Schönheit davon ausgehen kann", beschreibt Dr. Jürgen Emmert, Kunstreferent des Bistums Würzburg, einen der interessantesten Künstler der Stadt.

Er schafft auch in der Küche Kunstwerke. Der junge Würzburger, der nach dem Abitur nach Dortmund zog, um Kunst zu studieren und wieder in seine Heimatstadt zurückkehrte, passt in keine Schublade – weder als Künstler noch als Koch. Max Gehlofen besetzt als Teil des Kollektivs „Leerraum-pioniere" unvermietete Ladenflächen, um dort temporäre Kunst auszustellen. Er umwickelt Bronzestatuen berühmter Stadtväter mit kilometerlanger Frischhaltefolie nach Art des Verpackungskünstlers Christo, um sein ganz eigenes Kunstwerk zu schaffen. Er klebt einen „Citroën 2CV" aus Plastikfolie kopfüber an die Decke eines Würzburger Parkhauses und benennt sein Objekt nach der Strophe eines Kinderliedes, „Schwänzchen in die Höh'".

„Wenn Leute sagen: ‚So klappt das aber nicht!', ist das für mich eine Herausforderung!"

Im Gegensatz zu den unverdaulichen Materialien wie Folien und Plexiglas, die er für seine Kunstprojekte einsetzt, sind die Zutaten, mit denen er in der Küche experimentiert, frisch vom Wochenmarkt und sehr bekömmlich. „Ich habe schon als Kind gerne gekocht", erzählt der junge Mann mit den haselnussbraunen Augen und den buschigen, leicht schräg gestellten Brauen. „Das erste, was ich machen durfte, war Salat waschen. Dabei habe ich immer die Küche unter Wasser gesetzt. Danach durfte ich mit einem Buttermesser Kräuter für den Salat schneiden", erzählt Max Gehlofen und lacht.

Picknick-Stullen mit Würzburger Dreierlei

In der Pubertät diente die Küche seiner Mutter als Labor für kulinarische Experimente: „Ich habe Saucen entwickelt und Pasten gemörsert. Damit konnte ich mich stundenlang beschäftigen", erinnert sich der Künstler, der sich das Kochen selbst beigebracht hat. Vor einigen Jahren hat er in der Würzburger Sterngasse mit seinem Studienfreund Sebastian Apel das „Volvox" eröffnet, einer Catering-Küche mit kleinem Lokal, in dem er einen Mittagstisch anbietet. „Volvox ist eine Kugelalge. Wir haben ein lustiges Wort gesucht, das sich nicht gleich erschließt. Sie ist die erste mehrzellige Algengattung, bevor es Pflanzen gab", erklärt der Gastronom. In seinem Biotop für Esskultur steht er an diesem Sommertag mit Sicherheits-Clogs, Shorts, T-Shirt und Vorbinder am Herd. „Ich mache keine Show mit Kochjacken. Lieber koche ich gut und sehe verwegener aus", sinniert er, während er für uns seine Lieblingsbrotzeit vorbereitet: selbst gebackenes Roggenbrot aus Sauerteig, belegt mit drei verschiedenen Kreationen: Räucherforellensalat, 24-Stunden-Karotten mit Koriander-Orangen-Marinade, Rote-Bete-Quark.

Diese Rezepte finden sich in keinem Kochbuch – der Künstler hat sie selbst entwickelt. „Ich mache gerne Dinge, die anders sind. Canapés finde ich langweilig. Karotte und Rote Bete sind so bodenständige, puristische Gemüse. Daraus etwas Schönes zu machen, das reizt mich. Ich lasse das Produkt so, wie es ist, ich denegeriere es nicht", erzählt der kochende Künstler, der sich überall inspirieren lässt. „Der Forellensalat ist eine Idee nach einem mexikanischen Rezept. In Mexiko wird roher Fisch in Essig gegart. Durch die Säure stockt das Eiweiß. Ich habe das Fischaroma mit Chili und Olivenöl verfeinert."

Kunst und Kulinarik sind feste Elemente in seinem Leben, das er mit seiner Ehefrau Stephanie teilt. Die Work-Life-Balance von Max Gehlofen verläuft nicht horizontal, sondern vertikal – genauer: zwischen Erdgeschoss und erstem Stockwerk. Direkt neben der Küche seines Lokals

führen 21 Stufen nach oben ins Privatleben des kochenden Künstlers. „Ich mag keine begrenzten Welten. Meine Geisteshaltung ist anders als in anderen Küchen, die ich als Student kennengelernt habe. Wenn Leute sagen: ‚Das geht so nicht!', ist das für mich eine Herausforderung. Künstliche Zusatz- und Konservierungsstoffe sind bei mir tabu." „Ehrlich, transparent und handgemacht aus regionalen Zutaten", lautet seine Küchenphilosophie.
Aus einem halben Dutzend Karotten vom Würzburger Wochenmarkt entstehen in Minutenschnelle hauchdünne, spiralförmige „Luftschlagen". Mit flinken Bewegungen würfelt Gehlofen Rote Bete, schneidet hauchdünne Schnittlauchröllchen und Chilistreifen, dann bearbeitet er die Schale einer Limette mit einer Küchenreibe. Beim Brotschneiden zeichnen sich die Armmuskeln unter dem grünen T-Shirt ab. „Ich habe früher Wasserball gespielt", erzählt er und ergänzt: „Meine Muckis sind nützlich für die Küchenarbeit. Beim Catering muss ich manchmal bis zu 60 Kilo schwere Kisten rumschleppen." Vor allem im Sommer, wenn er mit seinen unkonventionellen Büfetts für Hochzeiten, Gartenfeste und kulturelle Veranstaltungen der Stadt gebucht wird, bedeutet das Hochleistungssport.

Am Treppengeländer neben der offenen Küche hängt eine geblümte Küchenschürze. „Sie gehört meiner Mama Brigitte. Sie macht die Kasse, die Bon-Annoncen und hilft mit Sebastians Mutter im Service", erzählt der Sohn, der ein gelehriger Schüler an elterlichen Herd war. „Meine Mama hat mir viele Basics beigebracht. Ich koche hier ab und zu auch ur-fränkisch. Das kommt vor allem bei unseren älteren Mittagsgästen gut an. Die freuen sich, dass es Braten mit Kartoffelbrei gibt und nehmen auch unser puristisches Mobiliar statt rustikaler Wirtshausbänke in Kauf", sagt er schmunzelnd. Die 20 Sitzplätze sind schnell belegt, wenn wieder ein Wunschkonzert auf der Wochenkarte des „Volvox" steht. Die Partitur hängt gleich rechts neben dem Eingang auf einer schwarzen Schiefertafel. „Dort können die Gäste sich Gerichte wünschen und für uns aufschreiben", erklärt der Chefkoch und fügt hinzu: „Auf manche Sachen wären wir gar nicht gekommen, wie zum Beispiel Käsespätzle. Da haben uns die Gäste die Bude eingerannt."

Picknick-Stullen mit Würzburger Dreierlei

Fertig! Die grüne Kiste auf dem Tresen ist gefüllt mit allen Zutaten, die Max Gehlofen für seine Lieblingsbrotzeit braucht. Das Wetter ist perfekt für ein Picknick am Main. Der ist nur wenige Meter entfernt. Ein guter Grund, mit Sack und Pack loszuziehen. Seine Muskeln stemmen die Kiste, ich trage das Brot. „Das Brotbacken ohne Hilfsmittel ist eine echte Herausforderung. Ich habe keinen Gärschrank. Da wird mein Teig immer anders, vor allem im Sommer. Das Brot bleibt etwas flacher. Aber bei dem brauchst du keine Butter. Das schmeckt pur am besten", berichtet der Hobbybäcker, während ich beim Gehen ein Stück Gnätzla stibitze.

Wir sind am Ziel. Am Fuß der Alten Mainbrücke legt Max Gehlofen ein kariertes Tischtuch aus und belegt ein großes Holzbrett mit Brotscheiben. „Ich habe nie gelernt, wie man Teller anrichtet. Aber da kommt der Künstler in mir raus. Ich bin ein Freund davon, mir Dinge selbst anzueignen. Ich schaue gerne Kochserien auf Netflix, zum Beispiel ‚Chefs Table' oder Reise- und Essensdokumentationen auf Arte. Auf der Couch essen und Essen gucken, das ist meine Entspannung am Abend", verrät der Künstler, während er akribisch mit seiner Kochpinzette Karottenstreifen und Rote-Bete-Scheiben auf den Brotschreiben anrichtet. Die Mittagssonne lässt den Rote-Bete-Quark purpurfarben erstrahlen, die Karotten-Streifen leuchten goldgelb, die bunte Kresse bilden die i-Tüpfelchen auf dem kunstvollen Stullen-Arrangement. Menschen, die ihre Mittagspause an der Mauer entlang des Mains verbringen, werden aufmerksam und werfen dem Mann mit der Shorts und dem Vorbinder neugierige Blicke zu. „Das ist ja Kunst! Kann man das essen?", staunt eine Frau und beugt sich über das Ensemble aus Rohkost, Räucherfisch und Brot. Der Koch gibt gerne Auskunft und reicht das essbare Kunstwerk an. Auch wir greifen zu und genießen das experimentelle Aromenspiel der Luxusstullen. Von wegen brotlose Kunst.

24-Stunden-Karotten mit Koriander und Orange

- 4 Karotten
- 1/2 Orange
- 1 El Koriandersamen
- 1 El Zucker
- 2 El Weißweinessig
- Olivenöl
- Salz

Und so wird's gemacht:

- Karotten schälen. Dann mit einem Sparschäler oder Julienneschneider in fingerdicke Streifen schneiden. Die Streifen mit Salz, Zucker und etwas Öl vermengen, in eine Pfanne geben und bei mittlerer Hitze langsam erwärmen.
- Wenn Flüssigkeit aus den Karotten austritt, mit dem Saft der Orange ablöschen und Essig sowie Koriander zugeben. Alles gut durchmischen, nochmal abschmecken.
- Am besten 24 Stunden im Kühlschrank durchziehen lassen.

Rote-Bete-Quark

- 2 Rote Bete
- 125 g Quark (40% Fett)
- etwas getrocknete Chili
- 2 El Weißweinessig
- Olivenöl oder Rapsöl, kaltgepresst
- Salz und Pfeffer

Und so wird's gemacht:

- Backofen auf 160 Grad vorheizen. Rote Bete schälen und kleine Würfel schneiden, mit etwas Öl, Salz und Pfeffer vermengen.
- Auf einem Blech verteilen, mit nassen Backpapier bedecken und 45 Minuten im Ofen garen.
- Gut abkühlen lassen. Mit einem Stabmixer pürieren und mit Essig, Quark sowie etwas Chili vermengen.

Räucherforellen-Salat mit Sommeräpfeln

- 200 g Räucherforelle
- 1 kleiner Apfel
- 0,5 cm Ingwerknolle, fein gewürfelt
- 1 Tl Majoran, getrocknet
- 10 El Weißweinessig oder Apfelessig
- 8 El Olivenöl
- je 1/2 rote und grüne Chili
- 1 Tl roter Pfeffer
- 1 Kästchen bunte Kresse, Abrieb je 1/2 Limette und Zitrone zum Garnieren

Und so wird's gemacht:

- Chilischoten unter fließendem Wasser längs aufschneiden und die Kerne entfernen. Dann in feine Ringe schneiden. Forelle mit einer Pinzette von Gräten befreien und in grobe Stücke schneiden.
- Apfel waschen, vierteln, Kerngehäuse entkernen und das Fruchtfleisch in sehr kleine Würfel (ca. 3 mm) schneiden. In einer Schüssel mit Essig, Öl, Ingwer, Chili und den Gewürzen vermischen. Dann die Forellenstücke hinzugeben und mit zwei Esslöffeln oder Salatbesteck unter die Äpfel mischen.
- Den Salat nochmal abschmecken: Es soll richtig, sauer und scharf sein!
- Beim Belegen am besten eine dünne Scheibe Ihres Lieblingsgemüses aufs Brot legen und den Salat darauf drapieren, so weicht das Brot nicht so schnell durch.
- Zum Schluss mit etwas Zitronen-Limetten-Abrieb und Kresse garnieren.

Onglet mit Karottenpüree, Stängelkohl und Tomaten

Das Gute wächst so nah

Um diese Tageszeit ist es noch still im Keller des ehemaligen Getreidespeichers am Alten Hafen. Nur ein paar Neonröhren brummeln leise vor sich hin. Eine Steintreppe führt hinab in die Welt von Benedikt Hammerl. Der schlaksige Typ mit Vollbart, schwarzer Brille und modischen Turnschuhen könnte ein DJ sein. War er früher auch mal. Anstatt Platten aufzulegen steht er nun am Herd. Hammerl zieht eine blaue Schürze aus dem Regal, streift sie über und öffnet den Backofen, dem ein betörender Duft entweicht: „Die Tomaten habe ich schon mal geschmort mit etwas Thymian und ein paar anderen Gewürzen. Hier, probiert mal!", fordert er uns auf. Das lasse ich mir nicht zweimal sagen, greife zu und staune über die fruchtige, süß-saure Geschmacksexplosion in meinem Mund. „Ach, war kein Hexenwerk", kommentiert der Profikoch und lächelt.

Mit Fingerspitzengefühl und Experimentierfreude einem Gemüse oder Obst, Fisch oder Fleisch seine beste Seite zu entlocken, das ist die Leidenschaft des jungen Würzburgers, der im Sommer 2016 im Restaurant „MS Zufriedenheit" im Kulturspeicher als Küchen-Chef das Ruder übernahm. Namensgeber ist ein Mainschiff aus dem Jahr 1913, das früher oft im Alten Hafen lag, um im damaligen Getreidespeicher, dem heutigen Kulturspeicher, seine Ladung zu löschen „Der Vater von Dominik Straub, einer der Mitinhaber des Restaurants, hat auf dem Frachter seine Ausbildung zum Binnenschiffer absolviert", erzählt Benedikt, während er für uns die nächsten Zutaten seines Leibgerichts zubereitet: Onglet mit Karottenpüree, Stängelkohl und Tomaten.

„Mit diesem Gericht zeige ich, was mir in meiner Küche wichtig ist: Traditionelles neu interpretieren. Dazu gehört auch, dass die Zutaten höchstens einen Kilometer-Index von 70 haben", betont der Profikoch und meint damit die Entfernung zum Produzenten. „Saisonal, regional und möglichst bio" lautet die klare Ansage an Bord der „MS Zufriedenheit". „Es gibt

Onglet mit Karottenpüree, Stängelkohl und Tomaten

Die Einkaufsliste
vom Chefkoch der „MS Zufriedenheit“:
Onglet (Nierenzapfen / Hanging Tender) von Jonathan Eller, Auenland Beef aus Hofheim
Stängelkohl (Namenia / Cima di Rapa) und Tomaten von Veit Plietz, Ökokiste aus Schwarzach
Karotten von Iris Mosmann, Querbeet aus Oberaltertheim

Restaurants, die rufen bei zwei Großhändlern an und bekommen alle Zutaten geliefert. Ich bin jede Woche zwei Stunden am Telefonieren, weil ich für jede Zutat einen anderen Produzenten in der fränkischen Region frage, was er mir in dieser Woche liefern kann“, sagt der Gastronom und hebt die Augenbrauen: „Bei mir sind zuerst die Zutaten da und dann entsteht daraus eine Mahlzeit. Sonst funktioniert regionale Küche nicht.“

Den Stängelkohl, der bei Kollegen meist mit der klangvollen italienischen Bezeichnung „Cima di Rapa“ auf der Karte steht, kennt der gebürtige Würzburger aus seiner Lehrzeit in Eibelstadt, wo er im edlen „Gambero Rosso“ am Herd stand. „Man behandelt ihn wie Spinat und verwendet nur die grünen Blätter“, erklärt er und gibt uns einen exklusiven Schnupper-Kochkurs: „Zügig in einer Pfanne mit Öl und Knoblauch angebraten, schon ist das traditionelle Wintergemüse fertig.“

Hammerls jüngste Entdeckung ist ein Teil vom Tier, das hiesige Metzger meist achtlos verwursten: das Onglet, im Deutschen „Nierenzapfen“ und im amerikanischen „Hanging Tender“ genannt. „Es hängt in der Bauchhöhle und ist superzart“, beschreibt der Feinschmecker sein Lieblingsstück: „Ich habe dutzendweise Kochbücher gekauft und im Internet recherchiert, um mich schlau zu machen. Je mehr ich mir angelesen hatte, desto spannender fand ich es, endlich mit dem Onglet zu arbeiten, als ich ein Stück zum Testen bekam.“ Grillen, kochen, schmoren. Jede Zubereitungsart gelang. „Dann habe ich überlegt, wie ich das regional am besten in unserer Küche umsetzen kann: Kurzgebraten, zu pürierten

Karotten und Stängelkohl, war aromatisch eine super Kombination. Man muss etwas mehr kauen, weil es mit Fett durchwachsen ist. Dafür hat das Nierenzäpfle aber ein wunderbares Aroma", beschreibt er und wuchtet eine gusseiserne Pfanne auf das Kochfeld. In einem Topf wartet bereits das Püree auf seinen Einsatz. Auch die Karotten haben eine interessante Bio-Biografie: „Sie sind von der Ernte im letzten Herbst und waren bis vorhin in einer Sandkiste vergraben", verrät der Profikoch. „Die Erde speichert Feuchtigkeit, dadurch halten sich Karotten sehr lange und je länger sie im Sand lagern, desto mehr Süße und Aroma entwickeln sie." Eine Konservierungsmethode, die sich schon zu Großmutters Zeiten bewährt hat.

Auch auf eine weitere kulinarische Tradition legt der Würzburger wert. „Wir aßen sonntags immer bei meinen Großeltern zu Mittag. Punkt 12 Uhr stellte Oma eine große Schüssel mit Salat oder Kartoffeln auf den Tisch. Schon beim Herumreichen kamen wir ins Gespräch. Betretenes Schweigen gab es in unserer Familie da nie", erinnert sich der Gastronom und lässt seine Kindheitserinnerung in der „MS Zufriedenheit" neu aufleben: „Wir servieren unsere Vorspeisen ebenfalls in der Tischmitte. So sind die Gäste gezwungen, gemeinsam aus einer Schüssel zu essen. Damit ecken wir vielleicht in einigen Fällen an, aber die meisten Leute finden das toll." Die Freude an der kulinarischen Vielfalt und dem raffiniertem Aromenspiel entwickelte er erst durch seine Kochlehre. Als Kind hat er weder Gemüse noch Obst gegessen. Der schlaksige Junge ernährte sich überwiegend von Nudeln. „Das verwächst sich", hoffte die Mutter. Das tat es nicht. „Pasta kann ich noch immer in allen Variationen morgens, mittags und abends essen", verrät Hammerl. Da war es konsequent, als Lehrling in einem italienischen Edel-Restaurant anzuheuern. „Mein Chef Domenico hat mich so lange angetrieben, bis meine Spaghetti perfekt gemacht und „al dente" zubereitet waren. Heute bin ich froh, dass ich das beherrsche", gesteht er. Auch die italienische Kunst des Eismachens hat er bei Domenico erlernt.

„Bei mir sind erst die Zutaten da. Dazu überlege ich mir ein Rezept. Sonst funktioniert regionale Küche nicht."

Seine italienischen Kochtechniken auf die regionale Küche zu übertragen, gelang ihm vortrefflich: „Ravioli habe ich mit Karotten-Kamillen-Püree anstatt wie herkömmlich mit Ricotta gefüllt. Ich war so nervös, als ich das auf unsere Karte nahm. Aber die Gäste waren begeistert. Und ich war stolz, weil ich meinen Lehrmeister nicht einfach kopiert, sondern mit meinem Handwerk etwas Neues geschaffen habe."

Hammerls kulinarische Handschrift ist puristisch, ehrlich, klar. Ohne Chichi und Schäumchen auf dem Teller. Damit beeindruckt er nicht nur Gäste aus der Region, sondern auch den Sommelier des legendären Kopenhagener Sterne-Restaurants „Noma", das viermal zum besten Restaurant der Welt gekrönt wurde. Hat es den talentierten Koch nicht gereizt, die Welt außerhalb des 70-Kilometer-Index zu erobern? „Ich habe zweimal den Versuch gestartet, die Stadt zu verlassen, zweimal ist mir etwas dazwischen gekommen", verrät er. Nach dem Abitur hatte er schon seinen Rucksack für eine Weltreise gepackt, als er die Zusage für seine Lehrstelle beim Edel-Italiener erhielt.

„Nur wenn ich die besten Zutaten finde, kommt das Gericht auf die Karte."

Nach seiner Lehre wollte er nach Kanada auswandern. „Ich dachte, jetzt habe ich einen Beruf, den ich überall auf der Welt ausüben kann. Als ich den Antrag für das Visum abschicken wollte, traf ich Thomas, einen Kollegen aus meiner Zeit als DJ. Der war inzwischen Mitinhaber der „MS Zufriedenheit" und wollte mich als Küchenchef anheuern. Nach einigen schlaflosen Nächten habe ich mich entschlossen, zu bleiben."

Und das war gut so. Sonst säßen wir an diesem sonnigen Tag nicht auf der Terrasse der „MS Zufriedenheit" – mit Benedikts Lieblingsgericht und seinen laut gedachten Gedanken, wie es ihm gelingen könnte, seine kulinarischen Urlaubserinnerungen mit regionalen Zutaten umzusetzen. „Nur wenn ich die besten Zutaten finde, kommt das Gericht auf die Karte", lautet sein Credo. Wenn indisches Senfkraut auf unterfränkischen Wiesen wächst, ist es soweit.

Benedikt Hammerl

Onglet mit Karottenpüree, Stängelkohl und Tomaten

Das Gute daran, direkt beim Erzeuger um die Ecke einzukaufen ist, dass man wieder ein besseres Bewusstsein für saisonale Produkte entwickelt. Denn dadurch, dass alles ganzjährig im Supermarkt zur Verfügung steht, haben wir oftmals den Bezug dazu verloren, welches Obst und Gemüse gerade Saison hat. Für dieses Rezept trocknet Benedikt Hammerl die Tomaten im Ofen etwas an, um den Geschmack noch weiter zu intensivieren.

Geschmorte Tomaten

- 10 Cocktailtomaten
- 2 Zweige Thymian
- 1 El Olivenöl
- 2 El Balsamico
- 1 Tl Salz
- 1 Tl Rohrohrzucker

Und so wird's gemacht:

- Backofen auf 160° C Umluft vorheizen. Tomaten abbrausen und halbieren, mit der Hautseite nach unten auf ein Blech mit Backpapier legen.
  Mit Salz und Zucker würzen und anschließend mit Balsamico und Olivenöl beträufeln. Die Thymianzweige im Ganzen darüber verteilen. Die Tomaten kommen nun für ca. 20 bis 30 Minuten in den leicht geöffnete Backofen (Holzkochlöffel in den Spalt schieben), bis sie halb getrocknet sind und eine leichte Bräunung haben.

Karottenpüree

- 1 kg Karotten
- 2 Schalotten
- 80 g Butter
- 1 1/2 Tl Salz
- 1 Tl Rohrohrzucker
- 500 ml Gemüsebrühe (am besten selbst gekocht aus Gemüseschalen, Lorbeerblatt, Pfefferkörnern und Nelke)

Und so wird's gemacht:

- Karotten schälen, längs vierteln und nicht allzu grob würfeln. Schalotten schälen, würfeln und zusammen mit der Butter in einem Topf farblos dünsten.
- Karotten, Salz und Zucker zugeben, ebenfalls kurz dünsten und mit der Brühe ablöschen. Bei kleiner Hitze eine gute Dreiviertelstunde köcheln lassen, kurz auskühlen lassen und in einem starken Mixer fein pürieren.
- So lange Flüssigkeit aus dem Topf zugeben, bis die gewünschte Konsistenz erreicht ist. Vor dem Servieren nochmals mit Salz abschmecken und vorsichtig erwärmen.

Onglet mit Karottenpüree, Stängelkohl und Tomaten

Stängelkohl
(Namenia/Cima di Rapa)
Hauptsächlich wird er in Apulien und Kampanien in Italien angebaut. Da Benedikt Hammerl versucht, in seinem Restaurant hauptsächlich Produkte aus regionaler Erzeugung zu verwenden, ist er glücklich, Veit aus Schwarzach kennengelernt zu haben. Extra für die „MS Zufriedenheit" baut er den Cima di Rapa auf seinem Demeterhof an.

Stängelkohl

Zutaten:

- 1 kg Stängelkohl
- 2 Zehen Knoblauch
- gutes Olivenöl
- 1 Tl Salz
- frisch gemahlener Pfeffer

Und so wird's gemacht:

- Die Blätter von den Stängeln abziehen und mit kaltem Wasser waschen. In einer Pfanne Olivenöl zusammen mit angedrückten Knoblauchzehen erhitzen. Wenn der Knoblauch brutzelt, den Kohl hinzugeben und langsam andünsten. Mit Salz und Pfeffer würzen.

Benedikt Hammerl

Onglet (Nierenzapfen / Hanging Tender)

Zutaten für 4 Personen:

- ca. 1,2 kg Nierenzapfen (beim Bio-Metzger des Vertrauens bestellen)
- 1 Zweig Rosmarin
- 1 Knoblauchzehe
- 20 g Butter

Und so geht's:

- Der Nierenzapfen (franz. Onglet) zählt zwar zu den Innereien, ist aber bestes Muskelfleisch. das feinste Stück, dass das Rind zu bieten hat. Es hat eine tolle Marmorierung, die das Fleisch unglaublich saftig und geschmackvoll macht.
- Das Fleisch eine halbe Stunde vor der Zubereitung aus dem Kühlschrank nehmen. Die feste Mittelsehne (im Zweifel einen Youtube-Clip dazu anschauen!) und andere Silberhäute entfernen. Dann das Fleisch gegen die Faser in Medaillons schneiden, salzen und am besten in einer sehr heißen gusseisernen Pfanne mit wenig Öl medium braten.
- Kurz vor Ende der Garzeit den Rosmarin und den Knoblauch mit der Butter in die Pfanne geben und das Fleisch mit der schäumenden Butter arrosieren*.
- Die Tomaten kann man vorbereiten und zimmerwarm auf die Teller geben. Das Püree ebenfalls vorbereiten und kurz vor dem Servieren erwärmen. Den Kohl und das Fleisch unbedingt „à la minute", also frisch zubereiten. Dazu passt am besten ein kräftiger Rotwein wie beispielsweise ein Brunello als Essensbegleiter.

*arrosieren bringt mehr Aroma!
Man legt Kräuter trocken in eine heiße Pfanne, damit sich die ätherischen Öle entfalten können. Dann kommt Butter dazu. Kurz warten, bis die Flüssigkeit verdampft und die Butter bräunlich wird. Die „Nussbutter" verteilt man dann löffelweise über dem Fleischstück.

Vom Teilen, von frittierten Teigtaschen und arabischer Tischkultur

Sechs Tage sollst du arbeiten, am siebten Tage sollst du ruhen", heißt es im Alten Testament. Burkhard Hose ist mit dem Bibeltext bestens vertraut. Doch es gibt viele Möglichkeiten, eine Bibelstelle zu interpretieren. Und das Ruhen gehört nicht zu den Stärken des Theologen, der in unzähligen Missionen unterwegs ist: als Studentenpfarrer der Katholischen Hochschulgemeinde, als Diözesanleiter des Katholischen Bibelwerks, als ehrenamtliches Vorstandsmitglied der Gesellschaft für christlich-jüdische Zusammenarbeit in Unterfranken, als Mitglied im Ausländer- und Integrationsbeirat der Stadt Würzburg, als Publizist und Buchautor.

„Ich verzichte gerne auf manche Stunde Schlaf, um nachzudenken und zu schreiben", sagt der Träger des Würzburger Friedenspreises und schaut aus dem Fenster. Unter seinem Wohnhaus verläuft die Dreikronenstraße, die einst das Quartier der Mainfischer war. Hinter der Uferstraße fließt der Main. Rechter Hand die Alte Mainbrücke, auf der Touristen, Radfahrer, Selfie-Poser und Brückenschoppentrinker aufeinandertreffen.

Morgens um halb sechs, wenn die Stadt noch schläft, sitzt der Geistliche am liebsten mit einer Tasse Tee am Schreibtisch, blickt auf den Fluss, denkt nach und schreibt. So sind schon zahlreiche Schriften des engagierten Katholiken entstanden, der sich seit Jahren konsequent für Geflüchtete, Asylbewerber und Randgruppen einsetzt. Er zeigt Zivilcourage, scheut die Auseinandersetzung mit Rechtsradikalen nicht und liest Politikern die Leviten, die christliche Symbole für ihre Zwecke instrumentalisieren.

Für den nächsten Morgen am Schreibtisch hat sich Burkhard Hose zum Frühstückstee schon mal ein Stück seines Lieblingsgebäcks reserviert, „Katayef". Die knusprigen, in Sonnenblumenöl ausgebackenen Halbmonde mit der cremig-süßen Füllung, die ihm ein warmes

„Kochen ist Selbstbestimmtheit.
Essen ist die
Verbindung zur Heimat."

Syrische Pfannkuchen (Katayef)

Wohlgefühl im Bauch bescheren, sind ganz nach dem Geschmack des Theologen. Das Rezept stammt aus Syrien und hat mehrere tausend Kilometer zurückgelegt, um in der Würzburger Pfarrersküche frisch gebacken zu werden.

Mitgebracht hat es Mohammad Harba als eine von mehreren kulinarischen Erinnerungen an die Kochkunst seiner Mutter in Homs. Und niemand in Würzburg backt diese traditionelle Süßspeise wahrscheinlich so gut wie er. Der junge Syrer mit gepflegtem Bart und Jeanshemd gehört zu den engsten Freunden des katholischen Pfarrers. Er steht an diesem Sonntag am Herd und fertigt handtellergroße Pfannkuchen, die er mit einer Mascarpone-Creme bestreicht. Behutsam klappt er die Seiten aufeinander und drückt die Enden sorgfältig mit Daumen und Zeigefinger zusammen.

„Du musst das ordentlich machen, damit die Füllung beim Frittieren nicht ausläuft. Das hat mir meine Mutter so beigebracht. Meine ersten Katayef, die ich als Kind selbst backen durfte, habe ich so voll gestopft, dass ich sie gar nicht schließen konnte", sprudelt Mohammad und ist ganz in seinem Element. „Wir kochen gerne zusammen, das haben wir früher fast jeden Tag gemacht, vor allem zum Ramadan", ergänzt Burkhard Hose und berichtet, wie die syrische Kochkultur in seine winzige, unterfränkische Küche kam: „Wir haben uns 2015 am Eingang zu einer Notunterkunft kennengelernt. Mohammad stieg mit anderen Neuankömmlingen aus einem Bus und betrat das Zelt, das für die nächsten Monate seine Bleibe sein sollte. Er hatte keinerlei Gepäck dabei, nur eine Plastiktüte in seiner Hand. Spontan habe ich ihn gefragt, was er am nötigsten braucht. Er antwortete: ‚Wie kann ich möglichst schnell mein Studium abschließen?' Das hat mich beschämt und mir klar gemacht: Jeder Mensch ist mehr als meine Vorstellung von ihm." Als Mohammad Harba erst wenige Tage in Würzburg war, lief Burkhard Hose mit ihm auf der Suche nach arabischem Kaffee durch die Stadt. „Wir haben leider nichts gefunden, aber in einem Haushaltswarenladen wenigstens diesen Henkeltopf hier, mit dem man auch nach traditioneller syrischer Art Kaffee zubereiten kann", erklärt Mohammad, stellt das Kännchen auf eine der schwarzen Herdplatten, rührt tiefschwarzes Pulver in das heiße Wasser und lässt das Gemisch kurz aufkochen. Ein herrlicher Kaffeeduft entfaltet sich in der kleinen Küche.

„Die Kombination von arabischem Kaffee und Mohammads Teigtaschen, da kann ich einfach nicht widerstehen", schwärmt Hose, rückt seine randlose Brille zurecht und fügt nach einer kleinen Pause hinzu: „Kochen ist Selbstbestimmtheit. Essen ist die Verbindung zur Heimat. Es kann Vertrauen schaffen, aber auch zum politischen Machtinstrument werden."

Es klingelt. Hündin Baba postiert sich schwanzwedelnd an der Wohnungstüre. Die Schwester von Burkhard Hose wird zum Sonntagskaffee erwartet. Ein herzliche Begrüßung für uns und eine Umarmung für Mohammad, der längst zur Familie gehört. Gisela Weigand erinnert sich an eine der ersten Begegnungen mit dem Herzensverwandten aus Homs: „Früher hat Mohammad immer darauf geachtet, dass wir gut und viel essen. Wenn ich satt war, fragte er besorgt: Du isst ja nichts mehr, magst du uns nicht?" „Das Ablehnen von Essen gilt in meiner Heimat als unhöflich. Wenn wir Gäste einladen, wird stundenlang gegessen und erzählt. Aber inzwischen habe ich gelernt, dass ihr Deutschen ja nie Zeit für irgendwas habt", erwidert der syrische Hobbykoch und ehemalige Jurastudent mit einem nachsichtigen Lächeln. Er stand kurz vor dem Referendariat. Der syrische Bürgerkrieg, vor dem er fliehen musste, vereitelte seinen Berufswunsch, Rechtsanwalt zu werden. „Um Geld zu verdienen arbeite ich bei der Main-Post und möchte eine Ausbildung zum Krankenpfleger machen. Ich hatte andere Pläne, aber ich will eine Zukunft in Deutschland", sagt er mit leiser Stimme und in

„Das Ablehnen von Essen gilt in meiner Heimat Syrien als unhöflich."

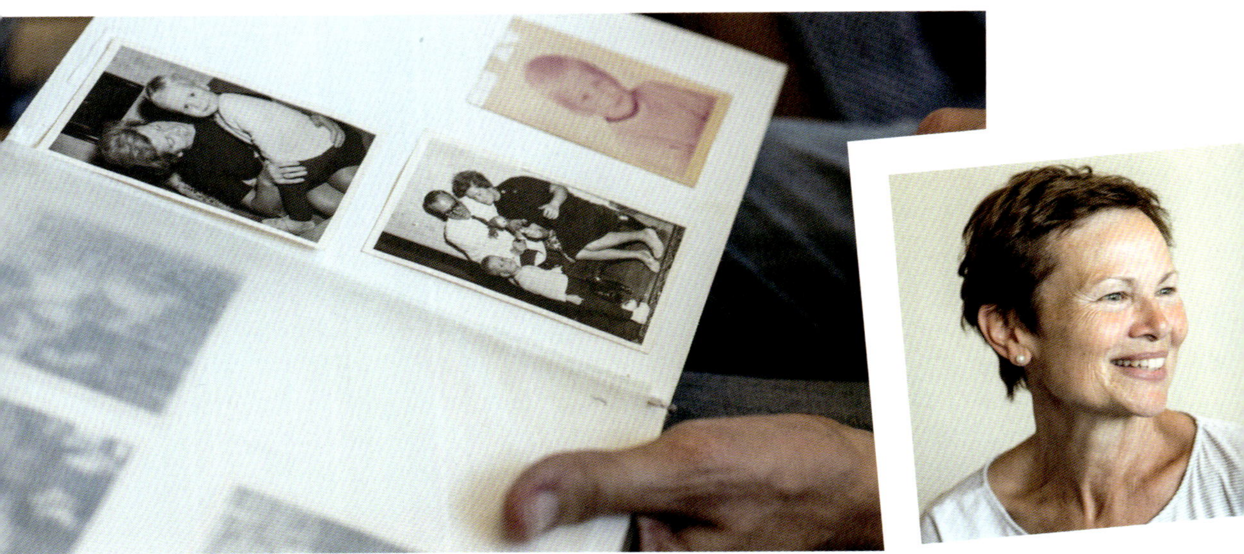

klarem Deutsch. In seiner neuen Heimat Würzburg muss er sich auch mit Gesetzestexten und Paragraphen auseinandersetzen, zum Beispiel mit der Bayerischen Verordnung zur Durchführung des Asylgesetzes, des Asylbewerberleistungsgesetzes, des Aufnahmegesetzes und des Paragraphen 12a des Aufenthaltsgesetzes.

„Menschen, deren Sprache oft viel poetischer ist als unsere, stolpern völlig verloren durch einen Dschungel von nüchternem Behördendeutsch und endlosen Paragraphenketten", weiß der Pfarrer, der durch seine Arbeit in der Würzburger Flüchtlingshilfe zu einer wichtigen Erkenntnis kam: „Ich kenne tatsächlich keine Flüchtlinge, aber ich kenne Mohammad, Rawad, Nazir, Obaida, Yaman, Assef und andere Menschen, die so verschieden sind, die aber eines vereint: Sie haben hier bei uns in Deutschland Schutz gesucht."

Der Theologe, der lieber Pragmatiker als Dogmatiker ist, hat in seiner Zwei-Zimmer-Wohnung mehrere Monate lang zwei junge Syrer beherbergt. „Meine Wohnung zu teilen, das war machbar. Die Realität von Krieg und Gewalt und damit Trauer, Hoffnungen und auch Ohnmacht zu teilen, war für mich die viel schwierigere Herausforderung. Dadurch habe ich verstanden: Wir müssen uns verabschieden von einem Teilen, das nichts im eigenen Leben verändert; von der reinen ‚Charity-Haltung', den Armen etwas von dem Reichtum abzugeben, ohne sich selbst dabei zu verändern und ohne sich auf die Begegnung mit Menschen einzulassen."

Das nur wenige Quadratmeter große Wohn- und Arbeitszimmer von Burghard Hose war schon immer ein Ort der Begegnung für Menschen unterschiedlicher Herkunft, Religion und Meinung. Am Couchtisch, auf dem nun der dampfende Kaffee, fünf Mokkatassen und die frisch gebackenen Halbmonde bereitstehen, wurde viel diskutiert, erzählt und gelacht. Auch an diesem Sonntagnachmittag. So wie früher im Elternhaus von Burkhard und seiner Schwester Gisela in Hammelburg: „Wenn wir aus der Schule gekommen sind, kamen wir über den Garten durch die Küche ins Haus. Da wehte uns schon ein köstlicher Essensduft um die Nase, zum Beispiel nach Pfannkuchen mit Heidelbeeren. Unsere ganze Familie saß um den Tisch, auch unser Vater. Er war Lehrer und hat uns immer mit kleinen Sketchen zum Lachen gebracht“, erzählt die Apothekerin. „Ja, daran erinnere ich mich auch. Aber ich mochte die Pfannkuchen mit Speck und Zucker am liebsten. Damit kann man mir heute noch eine große Freude machen“, ergänzt ihr jüngerer Bruder und gesteht. „Ich bin kein Held am Herd. Da komme ich ganz nach unserer Großmama. Sie war Geschäftsfrau und hatte eine Haushälterin. Großmama hat immer samstags zum Essen geladen, aber sie hat nie selbst gekocht.“

Burkhard Hose erhebt sich aus seinem antiken, mit kardinalrotem Samt bezogenen Lieblingssessel. Dieser und ein Fotoalbum sind die einzigen Erinnerungsstücke an seine Großmutter. „Wer möchte noch eine Teigtasche?“, fragt er in die Runde. „Niemand? Dann ist sie mir!“ Es ist sein drittes Stück. „Das Gefühl, nicht genug zu essen abzukriegen, kommt aus meiner Kindheit als jüngstes von fünf Geschwistern“, glaubt er. Seine Schwester nickt mit einem milden Lächeln. Drei der klebrig-süßen, sättigenden Teigtaschen muss man erstmal schaffen. Ihr kleiner Bruder schafft das. Ganz allein. Für den streitbaren Theologen hört das Teilen beim Essen auf: „Wenn jemand mit seiner Gabel über meinem Teller kreist, um etwas von meinem Essen zu probieren, werde ich völlig unchristlich und ungehalten.“

Syrische Pfannkuchen (Katayef)

Katayef
(Syrische Pfannkuchen)

Für den Teig:

- 150 g Mehl
- 1 El Öl
- 1 El Zucker
- 1 Tl Trockenhefe
- 2 Tl Backpulver
- 1 El Rosenwasser
- 350 – 400 ml Wasser
- 1 Hand voll Pistazienkerne

Für den Zuckersirup:

- 2 Tassen Zucker
- 1 Tasse Wasser
- 1 El Rosenwasser
- 1 El Zitrone

Für die Füllung:

- 500 g Mascarpone
- etwas Milch oder Sahne
- 1 Tl Speisestärke
- 1/2 Tl Bourbonvanille
- etwas Zucker
- 1 Tl Rosenwasser
- 1/2 l Pflanzenöl zum Frittieren

Und so wird's gemacht:

- Zuerst den Zuckersirup herstellen: Wasser mit Zucker zum Kochen bringen, bis der Zucker vollständig aufgelöst ist. Rosenwasser und Zitronensaft zugießen, unterrühren und weitere zehn Minuten leicht köcheln lassen, bis ein dickflüssiger Sirup entsteht.
- Nun den Pfannkuchenteig anrühren. Dazu alle Zutaten zu einem Teig verrühren und mindestens 15 Minuten an einem kühlen Ort ruhen lassen.
- Eine fettfreie Bratpfanne erhitzen. Teig angießen, zu etwa zehn Zentimeter großen Pfannkuchen. Nur von der einen Seite braten. Auf dem Teig sollten kleine Bläschen entstehen und der Teil hell bleiben, aber etwas klebrig, damit die Teigtaschen beim Befüllen gut zusammengeklebt werden können. Die Unterseite wird goldbraun.
- Falls keine Bläschen entstehen ist der Teig entweder zu dickflüssig und kann mit etwas Wasser verdünnt werden, oder es muss etwas Backpulver hinzugefügt werden. Am besten zuerst einen Probe-Pfannkuchen backen!
- Nach dem Braten die Katayef vorsichtig auf einen großen Teller legen und mit einem sauberen Geschirrtuch bedecken, damit sie elastisch und klebrig bleiben. In einer kleinen Schüssel die Mascarpone mit etwas Zucker und einem Spritzer Zitronensaft geschmeidig rühren. Von der Masse je einen Klecks in die Mitte der blassen Oberseite des Pfannkuchens geben.
- Vorsicht: Die Füllung dehnt sich beim Frittieren aus. Wer es zu gut beim Befüllen meint, wird es später bereuen, wenn die Füllung im Öl schwimmt und der Katayef leer ist.
- Den Pfannkuchen zur Hälfte zuklappen, so dass ein Halbmond entsteht. Die Ränder fest und sorgfältig zudrücken. Die fertig gefüllten Katayef auf einen Teller legen und erneut abdecken.
- In einem hohen Topf das Öl erhitzen und die Pfannkuchen darin goldbraun frittieren, dabei wenden. Die fertig ausgebackenen Teigtaschen auf einem Küchenkrepp abtropfen lassen und noch lauwarm im Zuckersirup wälzen und mit Pistazien bestreuen.
- Die Arayef auf einem großen Teller anrichten und lauwarm genießen!
- Am besten mit einem arabischen Kaffee.

Bilaha wa schifa!

Rolnice Sa Sirom (Teigröllchen mit Käse)

Viele Körbe, wilde Kerle und kulinarische Bräuche

Der Mann misst zwei Meter zehn, wiegt über 100 Kilo und hat Schuhgröße 50. Perfekte Maße für einen Basketballprofi. An diesem verschneiten Sonntag im März steht der Kapitän von „s.Oliver Würzburg" mit Dreitage-Bart und Wollsocken am Herd. Ein seltener Moment bei Familie Lončar. Denn das Wochenende ist spielfrei. „Wenn ich Zeit habe, koche ich gerne. Ich habe mir vieles von meiner Mutter abgeschaut, sie ist Profiköchin. Von ihr habe ich auch das Rezept für mein Lieblingsgericht: Rolnice Sa Sirom – gebackene Rollen aus Yufkateig mit Fetafüllung", erzählt Krešimir Lončar. Er ist in der kroatischen Küstenstadt Split aufgewachsen.

Mit einem Grinsen gesteht der Gelegenheitskoch: „Wenn ich alleine am Herd stehe, ist das eine Katastrophe. Dann muss Hanna zwei Tage lang die Küche putzen." Seine Ehefrau quittiert seine Bemerkung mit einem herzhaften Lachen. „Die kroatischen Gerichte sind nicht gar so einfach. Aber beim Zubereiten von Fisch und Käseröllchen ist Krešo ein Profi", lobt sie und blickt zu ihrem Beikoch auf. Schon als Teenager überragte Lončar seine Mitspieler und schoss mit diesem Feldvorteil am Sieben-Meter-Kreis ein Tor nach dem anderen. „Probier' es doch mal mit Basketball", riet ihm der Handballtrainer, der das Ausnahmetalent seines ehrgeizigen Schützlings erkannte. Der schlaksige Junge befolgte den Ratschlag. Im Alter von nur 15 Jahren unterschrieb er seinen ersten Profivertrag, beim italienischen Basketball-Verein Benetton Treviso. Der Verein lieh ihn zwei Jahre später an den Bundesligisten „s.Oliver Würzburg" aus.

> „Beim Zubereiten von Fisch und Käseröllchen ist Krešo ein Profi."

Das war ein Glücksfall für den wilden Jungen mit der braunen Lockenmähne: Es war der Beginn seiner internationalen Karriere – und er traf Hanna, die auch in seinem Verein spielte. „Sie war so klug und hübsch – und ich war so schüchtern. Beim Tanzen in einer Disco in Dettelbach habe ich mich dann getraut, sie anzusprechen. Ich konnte damals ja kaum Deutsch. Auf dem Feld strotze ich vor Ego, aber privat bin ich scheu", verrät er und holt eine Flasche Prosecco aus dem doppeltürigen XXL-Kühlschrank.

Rolnice Sa Sirom (Teigröllchen mit Käse)

Das zwei Jahre ältere Mädchen aus Rimpar gab ihm keinen Korb. Seit über 18 Jahren ist das fränkisch-kroatische Paar unzertrennlich. Doch der Weg in eine gemeinsame Zukunft war nicht leicht. Hanna machte Abitur, studierte Internationale Betriebswirtschaftslehre und versuchte, ihre Karriere mit der eines Profisportlers zu synchronisieren. „Das war manches Mal eine Zerreißprobe für uns. Aber am Anfang habe ich mir keine Gedanken gemacht, unsere Distanzbeziehung hatte ihren Reiz. Wir haben viel von der Welt gesehen, in acht verschiedenen Städten gelebt und versucht, das Beste daraus zu machen. Ich habe immer Unterricht genommen, um die jeweilige Landessprache zu lernen“, sagt Hanna, die neben Kroatisch fließend Italienisch, Englisch und Russisch spricht. Ebenso wie ihr Partner.

„Der Basketballsport war der einzige Weg für mich, um gutes Geld zu verdienen und aus Kroatien weg zu kommen“, resümiert er, während er die Flasche Prosecco öffnet und den Schaumwein einschenkt. Sein Karriereweg führte ihn vom italienischen Treviso nach Würzburg, von dort wieder nach Italien, nach Teramo, dann in die Ukraine, nach Russland und Spanien, zurück nach Deutschland, zum Bundesligisten ALBA Berlin, und schließlich wieder nach Unterfranken, in die Heimat seiner Ehefrau. Der Ehrgeiz des Basketballers, der auf der Position des „Centers“ und „Power Forwards“ spielt, war groß – die Liste der gewonnen Titel lang: italienischer Meister, ukrainischer Meister, russischer Pokalsieger, EuroCup-Sieger und der deutsche Pokalsieg 2016, vor der Rückkehr nach Würzburg.

Die Gastgeber erheben ihre Gläser zu einem spanischen Trinkspruch. „Arriba – nach oben, abajo – nach unten, al centro – ins Innere, adentro – hinein damit!", beschreibt der Gastgeber das kulinarische Ritual, das er in Valencia erlernt hat. „Dort dauert das Zuprosten viel länger als bei uns. Die Spanier halten ihr Glas erst theatralisch nach oben, nach unten, an ihren Bauch und erst dann trinken sie. Das wiederholt sich jedes Mal, wenn nachgeschenkt wird", beschreibt er und berichtet, dass seine Mannschaft nach einem Ligaspiel stets gemeinsam am Strand zu Mittag aß und Stunden dort verbrachte. Valencia bleibt für die jungen Eltern ein besonderer Ort. Dort kam Noa, ihr jüngstes Kind, auf die Welt.

Krešimir gibt noch einen Klecks Joghurt zur Käsemischung, mit der seine Lieblingsspeise gefüllt wird. Hanna greift sich einen Esslöffel und schmeckt die Mischung ab. „Wir ergänzen uns gut, nicht nur am Herd", sagt sie. „Ich habe nie zu Hause gehockt und auf Krešo gewartet, sondern ihn so oft wie möglich begleitet. Wir reden viel über Basketball – auch darüber, was nach dem Sport kommt. Darüber haben wir schon ganz am Anfang seiner Karriere gesprochen, als er sich seinen ersten Kreuzbandriss zugezogen hat. Krisen zusammen durchzustehen, das hat unsere Partnerschaft gestärkt. Wir treffen wichtige Entscheidungen immer gemeinsam. Was Krešos Angebote und Verträge anbetrifft, ebenso wie in der Erziehung unserer Kinder Mia und Noa."

„Hanna sagt mir ganz klar die Meinung. Das ist wie in meiner Heimat. In Kroatien sind die Frauen die Macher und die Männer bleiben im Hintergrund", ergänzt Krešimir feixend. Dann fügt er nachdenklich hinzu: „Seit über 18 Jahren bin ich ständig auf Reisen, habe zehntausende Flugkilometer hinter mir. Ich muss mein Leben nach getakteten Trainingsplänen ausrichten, immer topfit sein, mich nach Plan ernähren. Da blieb mir viele Jahre wenig Freiheit und Zeit für ein Privatleben."

Seine Partnerin nickt. „Das Leben neben einem Profisportler ist vor allem kulinarisch kein Spaß. Da kannst du nicht experimentieren und Neues ausprobieren. Wenn das nächste Spiel ansteht,weiß ich: ‚Mein Kerl braucht jetzt exakt 300 Gramm Pasta und zwar pronto!' Selbst unsere Kinder fragen genervt: ‚Menno, hat Papa schon wieder ein Heimspiel?' wenn ich

Rolnice Sa Sirom (Teigröllchen mit Käse)

Spaghetti mache. Seit Jahren immer das gleiche: Pasta mit Tomatensoße, leicht süßlich und gegrillte Hähnchenbrust als Eiweißlieferant." Nur zwischen den Spielen und außerhalb der Saison ist Schlemmen nach Lust und Laune erlaubt.

Hanna bestreicht die Teigplatten mit der Käsefüllung, faltet sie zu kleinen Päckchen, legt sie auf ein gefettetes Backblech und schiebt sie in den vorgeheizten Ofen. „In Italien habe ich gelernt, wie man Risotto und Pasta macht, wie Sugo eingekocht wird und wo man dazu die richtigen Tomaten findet", beschreibt sie und ergänzt: „In Russland haben wir gerne Borschtsch gegessen. Die herzhafte Rote-Beete-Suppe muss einen Tag ziehen, erst dann schmeckt sie. Von unserer Saison in Valencia habe ich noch den süß-herben Geschmack von Tomatenmarmelade und den herrlichen Duft der Orangenbäume in Erinnerung."

„Weißt Du noch, als wir das erste Mal bei meiner Familie in Split waren und wir beide Cevapcici gegessen haben?", fragt Krešimir Lončar und zwinkert seiner Jugendliebe zu, als er das Backblech mit den goldbraunen Rolnice aus dem Ofen nimmt. Die hübsche Frau mit den Grübchen blickt über den Esstisch, hinweg in die Ferne: „Na klar! Wir haben an der Strandpromenade gesessen, zusammen aufs Meer geschaut und unsere mitgebrachten Hackfleischröllchen gegessen. Unseren ersten Urlaub vergesse ich nie!"

Der Basketballprofi mit dem deutschen Pass und den kroatischen Wurzeln will sich in seinem neuen Haus eine Feuerstelle bauen. So, wie es in seiner ersten Heimat Tradition ist. Dann wird es so köstlich nach Rosmarin duften, wie es Krešimir aus Kindertagen kennt, als sein Vater selbst gefangenen Fisch mit Kräutern gegrillt hat. So kommt ein Stück dalmatinische Kochkultur nach Würzburg. Zwischen dem Main und fränkischen Weinbergen wird die nächste Generation der Lončars groß werden. Krešimir ist in seinem Leben angekommen.

Rolnice Sa Sirom (Teigröllchen mit Käse)

Zutaten für 4 Personen:

- 500 g Yufkateig (Fertigteig aus dem Kühlregal)
- 300 g Feta oder Hirtenkäse
- 3 Eier
- 200 ml Joghurt (mind. 20%)
- 100 ml Öl
- 1 El Backpulver
- Salz nach Geschmack

Und so wird's gemacht:

- Backofen auf 200 Grad (Ober- und Unterhitze) vorheizen. Feta in kleine Stücke schneiden, mit Eiern, Joghurt, Öl und Backpulver zu einer Masse verrühren. Die Käsemasse zur Seite stellen.
- Ein Backblech mit Backpapier auslegen. Teigblätter auf einer Arbeitsfläche auslegen und jeweils der Länge nach halbieren. Das erste Blatt mit der Käsemasse bestreichen, an den beiden Längsseiten etwa 5 cm breit zur Mitte hin einschlagen und den Teig zu einer „Zigarre“ rollen.
- Die Rolle auf das Backblech legen. Die Arbeitsschritte wiederholen, bis der Teig aufgebraucht ist. Die Rollen auf dem Backblech so anordnen, dass sie eng nebeneinander liegen.
- Auf der mittleren Schiene etwa 20 bis 30 Minuten goldbraun backen.
  Dazu passt grüner Salat.

Fein oder nicht fein, das ist hier die Frage!

Die Küche als Bühne – die Bühne als Küche. Martin Menner bespielt jeden Ort virtuos. Der Mann ist schließlich Schauspieler. Er beherrscht die Rolle des aufbrausenden Sternekochs ebenso wie die des erbsenzählenden Gastrokritikers oder detailverliebten Patissiers. Sein Repertoire ist nicht erlernt, sondern erlebt – hinter den Kulissen der Hamburger Spitzengastronomie.

Menner absolvierte eine Ausbildung zum Restaurantfachmann im „Landhaus Scherrer", einem der bekanntesten Gourmettempel der Hansestadt. Danach wechselte der ambitionierte Schauspielschüler ins „Leopold", dem ersten Restaurant von TV-Koch Christian Rach. Später wechselte er ins Küchenfach, weil er lieber kochte als Teller aufzutragen. „Während meiner ersten Engagements im Operettenhaus Hamburg und den Bad Hersfelder Festspielen habe ich Kollegen kennengelernt, die jeden Mist spielen mussten, um ihre Miete zu bezahlen. Deshalb wollte ich mir einen Broterwerb suchen, mit dem ich gutes Geld verdienen und mir somit gute Rollen leisten kann", erzählt der schlaksige Mann mit den markanten, graublauen Augen. „In der Gastronomie wird immer Personal gesucht, egal in welcher Stadt ich spiele." Die Doppelrolle war anstrengend: tagsüber Schauspielschule, abends Restaurant..

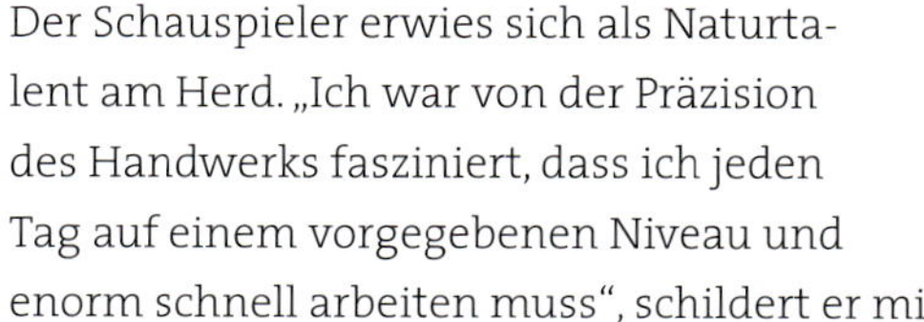

Der Schauspieler erwies sich als Naturtalent am Herd. „Ich war von der Präzision des Handwerks fasziniert, dass ich jeden Tag auf einem vorgegebenen Niveau und enorm schnell arbeiten muss", schildert er mit strahlenden Augen die kräftezehrende Arbeit in einer Profiküche. Heute steht Menner nur noch in der eigenen Küche am Herd. Fast jeden Mittag. Er schöpft aus seinem Gastro-Repertoire, experimentiert mit Aromen, frischen Kräutern und ungewöhnlichen Gewürzen wie zum Beispiel Senfmehl, mit dem er Saucen verfeinert. „Ich unterscheide zwischen dem Handwerklichen, dem Zubereiten der einzelnen Komponenten und der Lust am Essen. Ich esse nur, wenn ich Hunger habe", bekennt er. Für seine Ehefrau Sabine Herr ist der kochende Gatte ein Glücksfall: „Ich bin eine kleine Katastrophe am Herd", gesteht die Marketingexpertin und ergänzt: „Ich sage ihm, was ich gerne haben möchte. Das kocht er dann für uns."

Auftritt Martin Menner. Auf dem Tisch gegenüber der Küchenzeile stehen die Zutaten für sein Lieblingsgericht aus Kindertagen bereit: sächsische Quarkkeulchen. Dafür braucht man sieben Sachen: Kartoffeln, Mehl, Eier, Quark, Zucker, Salz und Butter. „Das Rezept hat mich durch mein ganzes Leben begleitet. Ich war ein Zeit lang in Kanada. Da gab es nicht den richtigen Quark und das Mehl war anders. Das war eine Herausforderung. Mutters Keulchen gelangen mir nicht so wie zu Hause“, krittelt er im Tonfall eines Gastrokritikers und vermengt die Zutaten zu einem geschmeidigen Teig, den er mit der achten Zutat, einer Prise Muskat, abschmeckt.

„Schon als Kind war ich fasziniert davon, wie sich Lebensmittel in schöne Gerichte verwandeln. Ich war mit meiner Mutter auf dem Markt einkaufen, sah die erdigen Kartoffeln und zu Hause hat sie daraus goldbraune Puffer oder Quarkkeulchen gemacht. Sie war keine leidenschaftliche Köchin, aber sie hat tolle Sachen gezaubert“, erzählt Menner, der in Gießen aufwuchs. Im hessischen Elternhaus wurde schon früh sein komödiantisches Talent entdeckt: „Meine Eltern hatten keinen Fernseher. Da wurde ich nach dem Abendessen auf den Tisch gestellt und habe meine Familie mit komischen Einlagen zum Lachen gebracht“, erinnert sich der längst etablierte Schauspieler, Sprecher und Rezitator.

„Dieses Rezept hat mich durch mein ganzes Leben begleitet.“

Das Faible für ungewöhnliche Auftritte hat sich Menner bis heute bewahrt. Für eine Lesung aus einem seiner Lieblingsbücher, „Fein gehackt und grob gewürfelt“ von Julian Barnes, wählte er eine Metzgerei in Ochsenfurt. So wurde die Wurstküche zu seiner Bühne, in der in den frühen Morgenstunden noch fränkische Bratwürste entstanden sind. „Der Reiz lag auch im Geruch. Zwei Besucher verließen vorzeitig die Vorstellung“, erinnert er sich mit einem diabolischen Grinsen. „Wir essen wenig Fleisch, aber wenn, dann ein gutes Stück vom Metzger“, deklamiert der Performance-Künstler mit ausladender Geste.

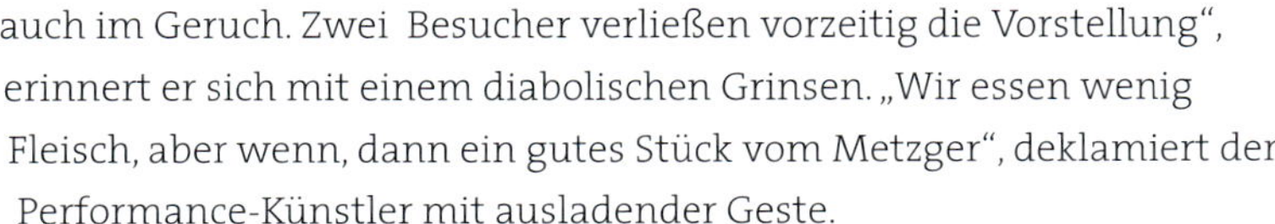

Sonst wirkt Martin Menner zurückhaltend, nachdenklich, puristisch. Seine Ehefrau bezeichnet ihn als „militanten Minimalisten“, der aus wenigen Dingen etwas Besonderes machen kann. Dieses Rezept funktioniert auch auf der Bühne: Als Schauspieler braucht er keine aufwendigen Kulissen, kein opulentes Kostüm. Er spielt am liebsten Ein-Personen-Komödien, wie sie das Leben schreibt.

Minimalismus stiftet Kreativität und Phantasie, lautet sein Credo. „Martin hat immer gezaubert. Wir haben früher sehr bescheiden gelebt. Aber er hat immer frisch gekocht, nie aus der Dose. Das hat mich fasziniert“, erzählt Sabine Herr, die neben den Kochkünsten auch das Improvisationstalent ihres Partners schätzt. „Das erste, was er für mich zubereitet hat, war ein Geburtstagskuchen aus einer Pfanne“, erinnert sie sich mit einem Lachen. Der Hausrat des Junggesellen war bescheiden, ein Bügelbrett diente als Esstisch, eine Kochplatte musste den Backofen ersetzen.

Der improvisierte Mandel-Marzipan-Kuchen gelang und reiste auf dem Motorradgepäckträger des jungen Verehrers von Fulda nach München, zu seiner Liebsten. „Der Kuchen war aus dem Jubiläumskochbuch von Dr. Oetker. Aber kaum ein Rezept stimmte. Da war ich als Kochprofi gefragt“, erzählt Menner und schwingt den Bratenwender. Gut, wenn man nicht nur auf eine Paraderolle abonniert ist.

Die Quarkkeulchen haben inzwischen goldbraune Bäckchen, werden auf einen Teller geschichtet und sind bereit für ihren Auftritt neben selbstgemachtem Apfelmus. Der Gastgeber rollt gefüllte Teller und Schüsseln auf seinem selbst gefertigten Servierwagen ins Esszimmer. Die Gäste sind begeistert, die Lieblingsspeise erntet Szenenapplaus.

Sächsische Quarkkeulchen

Sächsische Quarkkeulchen

Zutaten für 4 Personen:

- 500 g gekochte Kartoffeln (vom Vortag)
- 250 g Magerquark
- Muskat, frisch gerieben
- 2 Eier
- 50 g Mehl
- 40 g Butter
- 60 g Zucker
- 1 Prise Salz
- Butter zum Ausbacken
- Zucker zum Bestreuen

Und so wird's gemacht:

- Die Kartoffeln mit dem Stampfer zerkleinern. Die anderen Zutaten hinzufügen und zu einem gleichmäßigen Teig verarbeiten. Für die ur-sächsische Variante gibt man nach Geschmack einige Rosinen in den Teig. Achtung: Der Teig darf nicht so feucht sein, dass er an den Händen klebt. Er sollte auch nicht zu trocken sein, weil die Quarkkeulchen sonst nicht fluffig werden.
- Eine Pfanne auf mittlere Hitze vorheizen und Butter hineingeben.
- Vom Teig einen gehäuften Esslöffel voll abnehmen, einen kleinen, etwa einen Zentimeter dicken Fladen formen, in die Pfanne legen und von beiden Seiten goldbraun braten. Vor dem Servieren mit Zucker bestreuen und Kompott dazu reichen.

Wenn man nur wenig oder gar keinen Zucker in den Teig gibt, schmecken die Quarkkeulchen auch als herzhafte Variante, zum Beispiel zu Pilzen und Gemüse, aber auch zu Quark mit frischen Kräutern oder mit arabischen Gewürzmischungen wie Baharat.

Fränkische Lebensart – eine Kunst

Zwei rabenschwarze Knopfaugen blicken neugierig durch das Terrassenfenster. „Das ist Kiki, unser Hahn – seine Herzdame heißt Baba", stellt uns Gerd Michel seine schneeweiß gefiederten Mitbewohner vor. Dann sind da noch Rüdiger und Lydia, das Entenpaar. Die vier bewohnen ein großzügiges Reich mit Hühnerleiter, Wildwiese und Gartenteich. „Ich bin in Schweinfurt auf dem Land aufgewachsen, da gehörten Hühner und anderes Federvieh dazu", erzählt der Galerist und erinnert sich an ein Ereignis in seiner Kindheit, als Schüler und Hühner als Helfer während einer Maikäferplage eingesetzt wurden: Der Unterricht fiel aus, damit die Schulklassen auf dem Feld und an den Waldrändern die gefräßigen Insekten sammeln konnten, um die Ernte zu retten. Die Käfer dienten als proteinreiches Kraftfutter für die Hühner. So war das eben damals.

Alles, was bei uns laufen kann, hat einen Namen und wird nicht gegessen!

Als der Kunsthändler vor 20 Jahren Paris besuchte, wunderte er sich über Tierhandlungen an der Seine, in denen Hühner mit tragbarem Stall angeboten wurden. Beim Bummeln durch die Straßen entdeckte er die kleinen Verschläge auf den Balkonen. Das tat ihm in der Seele weh. Künftig strich er Eier von seiner Einkaufsliste. Als er mit seiner Ehefrau und den drei Kindern aus der Würzburger Innenstadt nach Oberdürrbach zog, zogen auch die ersten Hühner ein. „Meine Damen fressen den ganzen Tag Gras und Wildkräuter aus unserem Garten.

Gerd Michel

Sie sind glücklich und haben Platz. Wenn ich ihre Eier in der Pfanne brate, haben die eine natürliche Farbe und ich brauche keine Gewürze", betont der Tierfreund. „Alles, was bei uns laufen kann, hat einen Namen und wird nicht gegessen!", lautet das ungeschriebene Gesetz im Hause Michel. Daran hält sich auch die Hündin Vila. Sie reckt schnuppernd ihre Schnauze in die Höhe, als Herrchen die Backofentüre öffnet, um nach dem Wildschmorbraten zu schauen: Es ist das Lieblingsgericht des Hausherrn und das schönste Mahl, wenn viele Gäste am Tisch sitzen. Der Braten schmort stundenlang sanft vor sich hin, während alle anderen Zutaten vorbereitet werden können.

„Das Wild kommt vom heimischen Jäger, dazu mache ich blanchiertes Gemüse und eine Semmelrolle. Das ist ein Stück Kindheit für mich, Semmelrolle war für mich und meine vier Geschwister ein Festtagsschmaus", schwärmt der Hobbykoch, der als Knirps sonntags lieber in der Küche als in der Kirche war: „Meine Mutter stellte uns vor die Wahl: Wer in der Küche hilft, der muss nicht zur Sonntagsmesse. Da bin ich immer freiwillig an den Herd, habe meiner Mama beim Kochen geholfen und dabei viel gelernt."

Als Michel zum Studieren nach Würzburg zog und das erste Weihnachtsfest, gram vor Heimweh, ohne Familie feiern sollte, machte er die kulinarische Tradition kurzerhand zum Happening: „Die Studentenbude, die ich mir mit einem Freund teilte, war so winzig, dass die Küche mit einer Herdplatte halb in der Toilette untergebracht war. Wie es sich in einem fränkischen Haushalt gehört, wollte ich aber unbedingt eine Weihnachtsgans. Die gab es dann auch, nachdem wir zwei Tage am Kochen waren, am 25. Dezember. Wir hatten einen Riesenspaß beim Rotkrauthobeln und Kartoffelreiben für den Kloßteig. Auch die Gans, nicht ganz am Stück, schmeckte köstlich.

Die Leidenschaft fürs Kochen zieht sich wie ein roter Faden durch die Biografie des Grafikdesigners: „Als ich Mara kennenlernte, hatte sie nichts mit Küche am Hut. Das ist nach wie vor meine Domäne. Ich koche und meine Frau macht die Tischdeko“, beschreibt Michel das kulinarische Teamwork und zeigt auf die eingedeckte Tafel, die die perfekte Kulisse für ein Food-Shooting abgäbe.

„Am Wochenende stundenlang zu kochen, das ist für mich absolut entspannend. Und ich mache den Abwasch gerne selbst. Deshalb haben wir auch keine Spülmaschine", sagt der Künstler, der sich mit dem Einzug ins Eigenheim auch den Traum von einer geräumigen Küche mit großem Gasherd erfüllte. „Bei mir geht das Kochen schon beim Einkaufen los – wenn ich viel Zeit habe mit einem Bummel über den Würzburger Marktplatz. Meine Gewürze kaufe ich am liebsten im türkischen Supermarkt in der Nürnberger Straße. Ansonsten habe ich viele Freunde, die wissen, dass ich mich über Gewürze als Urlaubsmitbringsel freue."

Das Rezept für den Mohnkuchen, den uns der Hobbykoch zum Kaffee serviert, hat er aus einem seiner Familienurlaube in Südfrankreich mitgebracht und nach eigenem Geschmack verfeinert: „Ich mag so gerne Mohn und Marzipan, das verwende fast immer in meinen Desserts und Kuchen", verrät er und fügt hinzu: „Was ich koche und backe, ist eher bäuerlich. Ich lege Wert auf gute, regionale Produkte und wenn es geht, auch selbst produzierte. Wie die Eier in meiner Semmelrolle und dem Mohnkuchen. Die hat Baba gestern gelegt."

Gerd Michel

Marzipan-Mohn-Kuchen

Zutaten:

- 8 frische Eier von glücklichen Hühnern
- 200 g Marzipanrohmasse
- 100 g Mohn
- 100 g Puderzucker
- 1 El Mehl
- 2 El Butter

So wird's gemacht:

- Backofen auf 200 Grad vorheizen.
- Für den Teig die Eier in eine Schüssel geben und verrühren.
- Das Marzipan weich kneten. Zusammen mit dem Puderzucker und reichlich Mohn zu den Eiern geben und gründlich verrühren. Das Mehl und die Butter unterrühren. In eine gefettete Kuchenform füllen und glattstreichen.
- Im Backofen auf der unteren Schiene etwa 30 – 40 Minuten backen.
- Tipp: Am besten eine Garprobe mit einem Holzstäbchen oder Zahnstocher machen.

Fränkischer Backmohn

Wer wie Gerd Michel gerne Mohn mag, findet original fränkischen Backmohn im Hofladen vom Mainfranken Mohnhof in Fuchsstadt. Mohnbauer Helmuth Kleinschroth lässt den Backmohn neben Backwaren mit Mohn auch zu Mohneis, Mohnöl und sogar Mohnhonig werden.

Wildschmorbraten mit Semmelrolle, Mohn-Marzipan-Kuchen

Wildschmorbraten mit Rotweinjus und Semmelrolle

Zutaten für 4 Personen:

- 1 kg Hirschfleisch (z.B. Keule)
- 1/2 – 1 l Rotwein zum Kochen (z.B. Cabernet, Bordeaux oder Domina)
- 1 Glas Wildfond (250 ml)
- 1 große Zwiebel
- 2 Möhren
- 1/2 Sellerieknolle
- 1 Knoblauchzehe
- 1 Stückchen Ingwer
- 1 – 2 Lorbeerblätter
- 1 – 2 El Butterschmalz
- Tomatenmark
- Salz und Pfeffer nach Geschmack

So wird's gemacht:

- Backofen auf 180 Grad vorheizen. Das Fleisch, wenn nötig, häuten und in einen entsprechend großen Topf legen, mit dem Wein übergießen und über Nacht ziehen lassen. Die ungeschälte Knoblauchzehe andrücken, die Zwiebel vierteln, das Wurzelgemüse putzen und grob würfeln. Zusammen mit den Gewürzen zum Fleisch geben und dieses noch mal 2-3 Stunden marinieren, dann herausnehmen und trocken tupfen.
- Das Fleisch bei starker Hitze rundum kräftig anbraten. Das Wurzelgemüse aus der Marinade nehmen, in die Kasserolle geben. Die Hälfte der Rotweinmarinade zugießen und die Kasserolle in den Backofen schieben. Nach etwa 20 Minuten den restlichen Wein über den Braten gießen und ohne Deckel weitere 60 Minuten schmoren.
- Das Tomatenmark, das Lorbeerblatt und die Ingwerwurzel zufügen und weiter schmoren, wenn nötig, etwas Wildfond aufgießen. Nach einer weiteren Stunde, also etwa 2 Stunden und 20 Minuten Gesamtgarzeit, den Braten aus dem Ofen nehmen und in Alufolie einschlagen. Die Sauce durch ein feines Sieb passieren. Wer möchte, kann auch das Gemüse durch das Sieb drücken, die Sauce wird in diesem Fall sämiger.
- Den Schmorbraten in fingerdicke Scheiben schneiden, auf einer großen Platte oder auf Tellern servieren.

Semmelrolle

Zutaten für eine Rolle (3 – 4 Personen):

- 4 alte Semmeln
- 4 Eier von glücklichen Hühnern
- 2 – 3 El Butter (50 g)
- 1 Tasse Milch (100 ml)
- 1 – 2 Zweige frische Petersilie
- Salz
- 1 Küchenhandtuch und Klarsichtfolie, Küchengarn

So wird's gemacht:

- Semmel zerteilen und in eine Schüssel geben. Butter schmelzen, Milch erwärmen und beides über die Semmelstücke gießen, dann alles miteinander vermengen. Etwa 15 Minuten ruhen lassen. In der Zwischenzeit die Petersilie abbrausen, trockentupfen, den Stiel entfernen und das restliche Grün fein hacken.
- Eier, Salz und Petersilie mit dem Semmelteig vermengen.
- Ein großes Stück Klarsichtfolie auf einer Arbeitsfläche ausbreiten. Die Semmelmasse darauf geben und zu einer Rolle formen. In die Klarsichtfolie einrollen und die Enden sorgfältig verschließen – am besten wie bei einem Bonbon-Papier eindrehen. Die Rolle auf dem Küchenbrett einige Male hin und her rollen. So verteilt sich der Teig gut. Die Rolle in ein Küchentuch wickeln, an beiden Enden mit Küchengarn verschließen. In einem großen Kochtopf in leicht siedendem Wasser 30 – 40 Minuten garen.
- Nach der Garzeit die Semmelrolle vorsichtig auswickeln, in fingerdicke Scheiben schneiden und als Beilage servieren.

Tipp: *Wenn ein paar Scheiben übrig bleiben, lassen sie sich am nächsten Tag wunderbar in der Pfanne knusprig ausbacken und sind mit einem Spiegelei ein schnelle Mahlzeit. Bei Bedarf lässt sich auch eine gegarte Semmelrolle samt Plastikfolie einfrieren. Wird der Teig für die Semmelrolle zu flüssig, einfach noch ein oder zwei Esslöffel Mehl unterheben, bis die gewünschte Konsistenz zum Rollen erreicht ist.*

Gegrillte Souvlakispieße mit Zaziki

Griechische Gastfreundschaft und Grillspezialitäten

Samstagabend im Würzburger Stadtteil Frauenland. Ein besonderer Duft nach Kohle, Gewürzkräutern und Grillfeuer liegt in der Luft, als wir am Haus mit der Nummer sechs klingeln. „Schön, dass Ihr da seid! Wir sind schon recht hungrig!“, begrüßen uns Uli Müller und seine Parnterin Heidrun. Sie haben uns nicht zu ihrem Lieblingsgericht eingeladen, sondern zu ihrem liebsten kulinarischen Ereignis: Grillen nach griechischer Art mit Freunden und Familie.

Die Gastgeber führen uns durch eine große Wohnküche auf die Terrasse. Im Garten thront ein robuster Schwenkgrill. Sein Kohlebett ist perfekt vorgeglüht. Der Grillmeister legt auf: Spieße mit Schweinefleischwürfeln, in Griechenland Souvlaki genannt, Lammkoteletts und Dry Aged Koteletts vom Metzger seines Vertrauens.

„Die meisten Leute kaufen sich einen teuren Grill und billiges Fleisch. Ich mache es umgekehrt. Mein Grill ist zehn Jahre alt, schon einige Male repariert und tut, was er tun soll: grillen“, sagt der Hobbykoch. Er greift sich einen Eimer, in dem kopfüber ein Kräuterbündel steckt. Wie ein Messdiener bei der sonntäglichen Messfeier den Weihrauch, so schwenkt Uli Müller das Kräuterbündel über dem Grill und benetzt das Fleisch mit einer Flüssigkeit, deren Duft wir schon vor dem Haus geschnuppert haben.

Gegrillte Souvlakispieße mit Zaziki

„So grillt man in Griechenland", kommentiert Uli Müller unsere fragenden Blicke. „Wir machen seit Jahren Urlaub auf der Insel Korfu. Dort habe ich auch diese landestypische Grilltechnik kennengelernt: Das Fleisch kommt pur auf den Rost. Dann musst du alle paar Minuten eine Emulsion aus Olivenöl, Wasser, frischem Zitronensaft, Oregano, Salz und Pfeffer drauf sprenkeln. Dazu nimmst du ein Bündel Oregano. So bekommt das Fleisch ein ganz besonderes Aroma." Wir bestaunen das kleine Spektakel, bei dem es zischt, faucht und Feuer spuckt, als säße ein Drache unter dem Grill.

„Viele kaufen sich einen teuren Grill und billiges Fleisch. Ich mach's umgekehrt!"

„Ich habe heute Mittag noch was für uns vorbereitet", ruft Heidrun von der Terrasse herüber und bittet zu Tisch. Auf uns wartet eine liebevoll eingedeckte Tafel: weißes Tischtuch, Kerzen und handbestickte Leinendeckchen mit Olivenmotiven. Sie sind ein Mitbringsel aus ihrem Lieblingsurlaubsort Korfu. Auf dem langen Tisch reihen sich Porzellanschalen aneinander, gefüllt mit griechischem Salat, mit prallen Oliven, gegrillten Auberginen, Zaziki und dicken Brotscheiben. Die Gastgeberin bringt noch einen Teller mit Saganaki aus der Küche. Der knusprig ausgebackene Kefalotiri, ein Hartkäse aus Ziegen- und Schafsmilch, ist eine traditionelle griechische Vorspeise.

Gegrillte Souvlakispieße mit Zaziki

Die sorgfältig dekorierte Tafel übersteht jedoch nur wenige Minuten. Die hungrige Grillgesellschaft nimmt Platz. „Wer will Brot?", „Probiert die Oliven!", „Hier ist selbstgemachter Zaziki!", „Ist noch ein Souvlakispieß da?", „Reich mal den Retsina rüber!" Die Teller und Schalen kreisen, der griechische Wein mit der typischen Harznote ist begehrt, das Grillfleisch schnell verputzt. Der Grillmeister legt nach, die Hobbyköchin füllt von dem herrlich cremigen Zaziki nach.

Ich bin ein bisschen neidisch. Meine selbstgemachte Gurkencreme hat stets die Konsistenz eines Smoothies. Ich frage nach dem Rezept. „Der Trick ist ganz einfach, du musst die Gurke sehr fein reiben und dann durch ein Sieb drücken, damit fließt die Flüssigkeit ab. So hat es uns der Koch in unserer Stamm-Taverne auf Korfu gezeigt", verrät der Griechenland-Fan.

Uli und Heidrun, die Konrektorin an einer Würzburger Schule ist, verbringen mit ihren beiden Töchtern Julie und Charlotte meist die Sommerferien auf Korfu. „Wir waren in den letzten 20 Jahren über ein Dutzend mal auf unserer Insel. Sie ist wie eine zweite Heimat für uns. Wir werden als alte Bekannte begrüßt und nicht mehr als Touristen wahrgenommen", erzählt Heidrun. Sie schätzt die bodenständige griechische Lebensart, die Hilfsbereitschaft und die Herzlichkeit der Menschen. „Dort geht es nicht um Haben und Horten, sondern um Hilfsbereitschaft und Zufriedenheit", ergänzt ihr Lebensgefährte, der in Würzburg ein Marktforschungsinstitut leitet.

Diese Lebenseinstellung spiegelt sich für den Hobbykoch und leidenschaftlichen Tomatenzüchter auch in der griechischen Esskultur wider: „Da gibt es kein Schnick-Schnack, sondern einfache, frische und gute Zutaten für einfache, köstliche Gerichte – so wie die Souvlakispieße und das Zaziki." Nach drei Wochen Inselurlaub falle ihm das Ankommen im Alltag nicht leicht, sagt der Geschäftsmann: „Wir gewöhnen uns immer schnell an die griechische Gangart, die Mentalität, an die Menschen und das Klima. Als wir mal drei Monate auf Korfu verbracht haben, war es gar nicht so leicht, wieder in unseren Alltag in Würzburg einzusteigen."

Auf Korfu sammelt der Würzburger wilde Kräuter, die er in Bündeln trocknet. „So mache ich auch meine Oregano-Sträuße fürs Grillen", erklärt er. Zum Pflichtprogramm gehören stets auch ein Besuch der „Corfu Beer Brewery" in Arillas und Sonnenbaden am Pool. „Auf Korfu kannst du überall die Pools der Hotels mitbenutzen. Du musst nur einen Drink an der Bar bestellen, dann kannst du dich den ganzen Tag in der Anlage sonnen", verrät Heidrun. Sie fügt hinzu: „Wir kennen die Insel inzwischen so gut, dass wir wissen: Heute ist es windig, da sollten wir nicht in unsere Lieblingsbadebucht fahren, sondern lieber beim Nachbarn im Garten plauschen. Mein Koffer ist immer voller Bücher. Aber ich schaue lieber aufs Meer und genieße den Sonnenuntergang. Das ist für mich die absolute Erholung." Diese Art der Entspannung schätzte schon Kaiser Wilhelm II., der in Pelekas das abendliche Naturschauspiel bestaunte. Heute findet sich das Dorf in jedem Reiseführer und gilt als bester Ort in Griechenland, um den Sonnenuntergang zu beobachten.

Ortswechsel: In Würzburg verabschiedet sich die Abendsonne. An der griechischen Tafel von Uli Müller und Heidrun Zink brennen die Kerzen. Die Glut unter dem Schwenkgrill ist erloschen. Unweit des Grills, im Holzhäuschen von „Hoppla" und „Schnuffi", den beiden Hauskaninchen, ist Ruhe eingekehrt. Die Gemüsebeete, auf denen üppige Salatköpfe, dicke Büsche mit Basilikum und andere Küchenkräuter wachsen, warten auf den Hobbygärtner. Auch die Tomatenpflanzen, die mit leuchtend roten Früchten übersät sind, wollen gewässert werden. Wir verabschieden uns. Ich bedanke mich für das wunderbare Lieblingsmahl, die interessanten Urlaubserinnerungen und die herzliche Gastfreundschaft. Auf dem Heimweg gehen mir unser Tischgespräch über die griechische Seele nicht aus dem Kopf.

Kalí nýchta!

Gegrillte Souvlakispieße mit Zaziki

Grillrezept für Souvlaki-Spieße

Zutaten für 4 Personen:

- 1 kg durchwachsenes Schweinefleisch, z.B. Nacken
- 200 ml Olivenöl
- 200 ml Wasser
- Saft von zwei Zitronen
- reichlich Salz, Pfeffer, Oregano
- ein Strauß Oregano (alternativ: Kraut von Sellerie oder Karotten)

Und so wird's gemacht:

- Fleisch in drei bis vier Zentimeter große Würfel schneiden, auf vier große Spieße schieben, leicht mit Salz und Pfeffer würzen. Fertige Spieße abgedeckt bei Zimmertemperatur zur Seite stellen.
- Olivenöl, Wasser, Zitronensaft, Salz, Pfeffer und Oreganoblättchen in eine Flasche füllen, gut verschließen und schütteln, bis die Mischung emulgiert. Sie wird dann leicht milchig. Emulsion in eine Schüssel füllen. Mit dem Kräuterstrauß in der Nähe des Grills bereitstellen.
- Fleischspieße auf den vorbereiteten Holzkohle-Grill legen. Achtung: Es ist eine ordentliche Glut erforderlich! Regelmäßig Spieße drehen. Nach jedem Drehen das Fleisch mithilfe des Oregano-Straußes mit der Emulsion besprenkeln.
- Nach etwa zehn bis 15 Minuten eine Garprobe machen und die fertigen Spieße auf einen Teller legen. Nach Gusto noch etwas Zitronensaft und Oregano auf das Fleisch geben.

Zaziki à la Korfu

Zutaten:

- 500 g Gurken
- 350 g Joghurt (10% Fett)
- 4 – 8 Knoblauchzehen, je nach gewünschter Knobi-Schärfe
- 20 ml Rotweinessig
- 100 ml Olivenöl
- Salz und Pfeffer nach Geschmack

Und so wird's gemacht:

- Gurken schälen und sehr fein reiben. Gurkenmus in ein Sieb geben, andrücken und möglichst viel Flüssigkeit abtropfen lassen. Entwässertes Gurkenmus mit Joghurt vermischen. Essig, Salz und Pfeffer unterrühren.
- Gewünschte Menge an Knoblauchzehen schälen und durch eine Knoblauchpresse drücken Olivenöl und Knoblauch unter rühren. Zaziki mit Essig, Öl, Salz und Pfeffer abschmecken. In eine Schale füllen und zu den Souvlakispießen servieren.

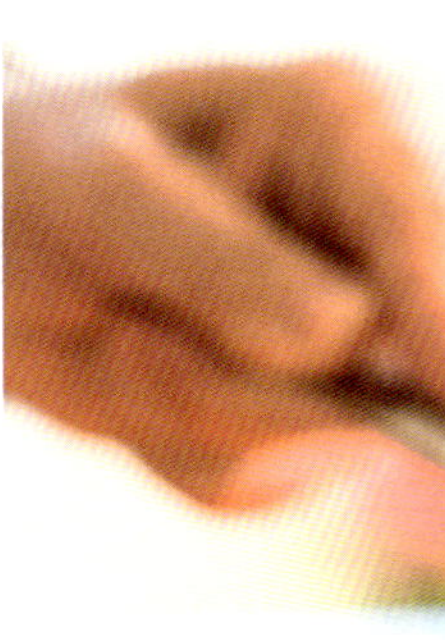

Von würzigen Kochexperimenten und feinen Fernsehschnittchen

Tea-cher. The one who makes the tea." So lautet das Ende des Gedichts „First Day At School", das den ersten Schultag aus der Perspektive eines neugierigen Kindes beschreibt – mit dem subversiven Sprachwitz von Roger McGough. Der Autor war Lehrer, bevor er zu einem der größten britischen Dichter, Dramatiker, Musiker, Komiker und Performance-Künstler des 20. Jahrhunderts avancierte. Der Brite ist der Lieblingslyriker von Jörg Nellen. Der ist zufällig auch Lehrer und macht tatsächlich Tee. Jeden Morgen, schwarz und ohne Zucker, und der Frage „What we are having for supper tonight, Darling?"

Die morgendliche Teatime mit Ehefrau Andrea wird in der Pose von John Lennon und Yoko Ono als Bed-In praktiziert. Das dauert jedoch nicht sieben Tage, sondern maximal siebzehn Minuten. Dann steht der Menüplan und der Einkaufszettel ist geschrieben. Protestfreie Aktionskunst im privaten Raum. „Wir sitzen im Bett mit unseren Teebechern und überlegen in Ruhe, auf was wir Appetit haben. Dann kauft Andrea ein und ich koche abends", skizziert Jörg Nellen die kulinarische Arbeitsteilung des Ehepaars. Weniger friedlich ginge es wohl zu, wenn beide am Herd stünden. „Meine Mutter hat mich und meine drei Geschwister immer aus der Küche gescheucht. Sie duldete niemanden neben sich am Herd", erzählt er. „Als Kind fand ich das merkwürdig. Aber auch ich kann es nicht leiden, wenn mir jemand beim Kochen im Weg rumsteht."

> „Überall muss Zucker rein. Das ist das sächsische Erbe meiner Mutter."

Ehefrau Andrea grinst und deckt schon mal den Tisch für das Lieblingsrezept ihres Leibkochs: Apfel-Nudel-Auflauf. Gäste, die das Gericht zum ersten Mal essen, sollten sich von der Komposition der Zutaten – Äpfel, Nudeln,

geschmorte Zwiebeln, reichlich Käse, Zucker und Salz – nicht irritieren lassen. Der herzhaft-süße Auflauf schmeckt köstlich. „Überall muss Zucker rein. Das ist das sächsische Erbe meiner Mutter“, verrät der gebürtige Bamberger und betont: „Der süß-würzige Kontrast, das ist meine Handschrift. Für meine Salatsaucen zum Beispiel variiere ich Senf, Tomatenmark, Orangen- oder Himbeermarmelade. Dabei entsteht immer etwas Neues, was meistens auch schmeckt.

So ist auch Jörgs Lieblingsgericht entstanden. Früher hat er es oft für seine Kinder zubereitet, erzählt der Vater von zwei Töchtern: „Ich habe mal einen Nudelauflauf bei Freunden gegessen und das Rezept weiterentwickelt nach meinem Gusto und dem meiner Kinder. Die mochten am liebsten Nudeln und Käse. Ich mag gerne herzhaft-süße Kontraste, also habe ich einfach noch Äpfel und Zwiebeln in den Auflauf geschnippelt“. So verwandelte sich das Zutatenallerei in das „Papa-Gericht“, das seine Töchter Nina und Julia in ihre Rezeptsammlung übernommen haben. „Ich koche nicht aus Kochbüchern. Ich lasse mich inspirieren, so wie ich Texte schreibe und Bilder male. Ich brauche eine Idee und dann lege ich los“, sinniert der Lehrer für Geschichte und Englisch, der Geburtstagskarten mit selbst illustrierten Skizzen und Gedichten verschickt. Seine kulinarische Premiere, Ende der siebziger Jahre, bestand er mit einem „befriedigend“: „Als frisch gebackener Abiturient wollte ich unbedingt Pizza machen. Doch der Fertigteig war madig. Da habe ich zum ersten Mal einen Hefeteig angesetzt – war viel einfacher als ich dachte. Das war meine Initialzündung. Seitdem stehe ich gerne am Herd“, erinnert sich der Pädagoge, der an der Beruflichen Oberschule in Schweinfurt unterrichtet. Sein Schulbrot – eine Butterbemme, sächsisch für Butterbrot – belegt er am liebsten mit Käse, Schinken, Gurke und Salatblatt.

The loving husband always greeted his wife each day with a “Hello Brew-tea-full!”

Der Lehrer schmiert auch die Schnittchen für TV-Abende auf dem Sofa. „Als meine Kinder klein waren, habe ich ihnen Fernseh-Schnittchen gemacht. Heute mache ich sie auch gerne mal für uns: In der rechten Hand ein Weinglas, links ein Häppchen.“ TV-Dinner ist zwar pädagogisch verpönt, doch das Marktforschungsinstitut Human Link hat herausgefunden, dass das Futtern vor dem Fernseher für 77 Prozent der Deutschen völlig normal ist. Und wer wie Jörg Nellen behauptet, dass Essen in Verbindung mit Fernsehen so richtig entspannt, hat die Wissenschaft auf seiner Seite: Denn beim Fernsehen werden erwiesenermaßen

Glückshormone ausgeschüttet. Beim Essen ebenso. Essen vor dem Fernseher ist also, rein wissenschaftlich gesehen, doppeltes Glück – und ein dreifaches, wenn man seiner Liebsten kunstvoll verzierte Canapés auf Porzellanschiffchen serviert.

„Essen ist unsere ‚us'-Time: Zusammen etwa Gutes genießen und uns dabei in Ruhe unterhalten, das ist Ultra-Luxus", sagt er, greift einen Apfel und schält ihn so kunstvoll, dass die Schale wie eine Girlande am Messer herabhängt. „Jörg Nellen zeigt sehr große Einsatzbereitschaft, ist stets hoch motiviert, vorbildlich, sehr selbstständig, zuverlässig und äußerst konzentriert. Er beherrscht es immer, seine Ergebnisse souverän zu präsentieren", könnte das Küchenzeugnis in den Disziplinen Arbeitsverhalten und Kommunikationsfähigkeit lauten. Note: „sehr gut".

Das ist ganz nach seinem Geschmack. „Ich koche für das Lob und möchte, dass meine Gerichte nicht nur fein schmecken, sondern auch gut aussehen. Am liebsten koche ich etwas, bei dem ich viel schnippeln kann", ruft er und schwingt ein großes Filetiermesser. Trotzdem will er nicht stundenlang in der Küche stehen. Dazu hätte der Vielbeschäftigte gar keine Zeit. Denn der Lehrer ist auch Autor, zertifizierter Fremdenführer, Pressesprecher des Kunstvereins Würzburg, stellvertretender Vorsitzender der Lehrergewerkschaft GEW in

Unterfranken, Mitglied der Bundesjury für den „Geschichtswettbewerb des Bundespräsidenten", und Koordinator von „Würzburg liest ein Buch". Stillsitzen zählt nicht zu seinen Stärken. Sein Gehirn braucht ständig Nahrung: kein Knäckebrot, sondern ballaststoffreiches Futter. Am besten in Form von Lyrik, Literatur, Kunstprojekten, Theater- und Museumsbesuchen. Damit bei all den Aktivitäten, Pflichten und Terminen nichts anbrennt, hat Nellen sein eigenes Vorbereitungs- und Ordnungssystem entwickelt.

„Ich habe meine klaren Choreografien und Rezepturen, die ich dann je nach Situation mit einer Prise Spontaneität würze. Und die Ablage muss funktionieren. Ich arbeite immer mit Struktur. Das ist auf meinem Schreibtisch nicht anders als in der Küche: Es liegt nichts herum, alles hat seinen Platz." Profiköche nennen das „mis en place" – auf deutsch: „an den richtigen Ort gestellt". „Ich habe mal für meine Tochter Julia mit einer Video-Kamera eine Kochanleitung gefilmt und wie ein Fernsehkoch alles vorbereitet. Seitdem mache ich das auch so. Bevor ich den Herd anmache, habe ich alle Zutaten in Schälchen vorbereitet", erzählt der Gernekoch, hackt Zwiebeln klein und schlägt Eier in einer Schüssel auf.

„Wenn serviert wird, ist die Küche sauber und für den nächsten Einsatz bereit. Meine Küche ist ja kein Schlachtfeld", betont er und stellt eine Eieruhr in Tomatenform ins Regal. Sie gehört zu den Exponaten aus den zahlreichen Streif-

zügen über Flohmärkte und durch das geordnete Durcheinander in britischen Haushaltswarenläden. „Unsere Wohnung ist sehr klar im Design. Als kleine Verrücktheit sammeln wir Früchte und Gemüse, das nicht verdirbt: aus Porzellan, Haushaltshelfer und Butterdosen in skurrilen Formen. Je verrückter, desto schöner", schildert er die Prise britische Exzentrik, die er und seine Partnerin aus ihrer zweiten Heimat, Südengland, mitgebracht haben. Erinnerungsstücke mit Geschichte. So wie die extragroße tomatenrote Teekanne, die stoisch auf dem Kühlschrank thront und deren Fassungsvermögen über zwei Dutzend Tassen beträgt. Sie könnte wunderbare Kochgeschichten von launigen Lunches und feierlichen Dinner-Abenden mit Sheperds Pie, Irish Stew und Eton Mess erzählen. Wenn man sie doch nur fragen würde.

Apfel-Nudel-Zwiebel-Auflauf

Apfel-Nudelauflauf (vegetarisch)

Zutaten für 4 Personen:

- 250 g Spiralnudeln aus Frischeiern
- 2 El Bio-Gemüsebrühe-Extrakt
- 4 saure Äpfel, z.B. Boskop
- 4 Zwiebeln
- 3 El Olivenöl
- 2 El Butter fürs Anbraten und die Auflaufform
- 5 Bio-Eier aus Freilandhaltung
- 1/2 l Bio-Vollmilch
- 1 – 2 Tl Zucker
- 1 El Salz, eine Prise frisch gemahlenen Pfeffer, eine Prise gemahlene Muskatnuss
- 200 g würziger geriebener Hartkäse, z.B. Emmentaler, mittelalter Gouda oder Bergkäse fürs Überbacken

Und so wird's gemacht:

- Backofen auf 180 Grad (Ober- und Unterhitze) vorheizen. Zwiebeln schälen und in dünne Scheiben schneiden. Äpfel schälen, entkernen und in dünne Schnitze („Pferdchen") schneiden. Käse reiben. Wasser zum Kochen bringen, Gemüsebrühe einrühren, dann die Nudeln hinzugeben und bissfest kochen.
- In der Zwischenzeit Öl und Butter in eine Pfanne geben, darin die Zwiebeln goldgelb andünsten. Äpfel hinzugeben und weich dünsten.
- Milch mit Eiern, Zucker, Muskatnuss, Salz und Pfeffer verquirlen.
- Sind die Nudeln bissfest, diese abgießen, mit den Äpfeln und Zwiebeln in der Pfanne vermengen und in eine gebutterte Auflaufform geben. Die Nudeln mit der Milch-Ei-Masse übergießen, bis alles gut bedeckt ist. Käse darüber verteilen und 45 Minuten im Ofen auf der mittleren Schiene überbacken.
- Auflaufform auf den Tisch stellen. Den Nudelauflauf in kleine Quadrate schneiden und an die hungrigen Schlemmer verteilen. Wer es wie Jörg Nellen und seine Familie mag, kann etwas Ketchup dazu servieren.

Have a knife day and may the fork be with you!

Hausmannskost aus der Kombüse

Hoit! Erstmoi gscheit Fiass obbutzn! Mit dene dreggadn Hatscher kimmst du mir ned in de Bude!", steht als Warnung auf dem Fußabstreifer. Die Matte liegt dort schließlich nicht zum Spaß. Ein aufforderndes Kopfnicken des Hausherrn genügt und der Gast zieht artig seine Schuhe aus. „Das hier ist mein zweites Wohnzimmer. Da mag ich keinen Dreck auf dem Teppich", sagt Achim Schäfer, schlüpft aus seinen Sicherheits-Clogs und öffnet die Türe zum Steuerhaus.

„Einen schöneren Panormablick am Frühstückstisch gibt es nicht."

„Was du an Dreck und Ruß auf dem Lappen hast, wenn du zu Hause deinen Balkon- oder Gartentisch abwischst, das habe ich hier auf dem ganzen Schiff", erklärt der Kapitän. Deshalb lautet eine der Grundregeln an Bord: Schuhe aus! Eine Ausnahme gilt nur für Bordhund Balou. Der Beagle legt sich gerne neben Herrchen auf die Lauer nach einem Schnapp. Denn er weiß: Jeden Morgen, nachdem der Kapitän das Deck des 86 Meter langen Frachtschiffs geschrubbt hat, damit sich kein Schmutz festsetzen kann, gibt es Frühstück. Dann nimmt Achim Schäfer einen großen Kaffeebecher und eine Wurstsemmel mit ins Steuerhaus. Herrchen nimmt Platz auf seinem Recaro-Sitz, setzt ein Bluetooth-Headset auf und drückt eine Taste auf seiner Kommandozentrale. Das Cockpit ist mit

Fränkische Bratwürste mit Dämpfkraut und Kartoffelstampf

Displays, Messinstrumenten, Überwachungsmonitoren, einem Telefonhörer und einem Steuerhebel bestückt. Auf der Ablage daneben dampft der Kaffee. „Einen schöneren Panormablick am Frühstückstisch gibt es nicht – der Ausblick ist nie gleich", schwärmt der Franke, der schon fast sein ganzes Leben lang unterwegs ist auf Rhein, Main, Neckar, Mosel, dem Main-Donau-Kanal und weiteren Binnengewässern. Die „MS Schönrain", die sich mit einem 800 PS starken Motor durch die Wasserstraßen schiebt, ist ein schwimmendes Transportunternehmen. Die Laderäume fassen den Inhalt von 55 LKW-Containern. Transportiert werden beispielsweise Klinker, Maschinenteile, Raps, Getreide, Kalisalz für die Chemieindustrie oder Kohle für Heizkraftwerke. Ist das Schiff entladen, muss die Mannschaft die Laderäume sorgfältig reinigen, um die nächste Fracht aufzunehmen. Eine Prozedur, die Achim seit Kindertagen kennt – ebenso wie das „Feierabend-Kochen", wenn der Frachter im Hafen liegt.

„Ich bin auf dem Frachtschiff meiner Eltern aufgewachsen. So wie hier, auf meinem eigenen Schiff, hatten wir unter dem Steuerhaus unsere Wohnung. Dort stand mein Vater gerne am Herd; von ihm habe ich mir manches abgeschaut", sagt der Kapitän. Auch sein Lieblingsgericht – „Fränkische Bratwurst mit Dämpfkraut und Kartoffelstampf" – stammt aus dieser Zeit. Ebenso wie der Wunsch, Koch oder Kapitän zu werden.

Später übernahm Achim dann das Steuer des Vaters. „Einen Schiffskoch gibt es leider nicht auf dem Binnengewässer“, sinniert der Berufsschiffer und zeigt uns sein schwimmendes zuhause: Küche, Wohnzimmer, Tageslichtbad, Schlafzimmer und ein Kinderzimmer – das Reich von Robin und Alisha. Sie verbringen fast jedes Wochenende und die Schulferien an Bord. An schönen Sommerabenden, wenn die „MS Schönrain“ gut vertäut an der Kaimauer ruht, heizt der Vater den Grill an und Mutter Christina macht Kartoffelsalat.

Achims Ehefrau versorgt die „MS Schönrain“ auch regelmäßig mit Proviant. „Wenn wir zwischendrin Nachschub brauchen, kennen wir unsere Anlegestellen mit Supermarkt und Metzgerei in der Nähe“, sagt der Kapitän, der gerne Fleisch isst – und dabei keine Kompromisse macht. „Ich geh' zum Metzger. Da schmeckt das Fleisch und schrumpft nicht. Wir hatten mal einen Matrosen, der seine Steaks immer beim Discounter gekauft hat. Die wurden in der Pfanne zu Portionen für eine Puppenküche. Beim nächsten Mal habe ich dann Steaks vom Metzger geholt. Diese Portion hat der Kerl nicht gepackt“, erinnert sich der Hobbykoch mit einem herzhaften Lachen.

Dann hält der Seemann ein flammendes Plädoyer für das Gute auf dem Teller: „Ich reg' mich auf, wenn die Leut' sagen: ‚Esst weniger Fleisch, esst kein Fett!‘. Meine Großeltern haben Hausschlachtungen gemacht. Da wurde ein Schwein komplett von der Schnauze bis zum Ringelschwanz verarbeitet. Die Leberwurst hatte Aroma, das Fleisch war durchwachsen, hatte Geschmack und kam ohne Antibiotika aus. Heute darf nirgends mehr Fett dran sein. Ein Schwein besteht doch aus mehr als nur aus Mager-Filets.“

Achim Schäfer steht in seiner Kombüse, öffnet den breiten Kühlschrank und holt Bratwürste heraus. Sie stammen vom Metzger seines Vertrauens aus dem Heimathafen der „MS Schönrain“, Karlstadt am Main. Das selbst gehobelte Weißkraut schmurgelt schon im Kochtopf. Schäfer spendiert dem Kartoffelstampf ein weiteres Stück Butter und legt die Würste in die erhitzte Pfanne. Bis zum Essen bleibt Zeit, um schnell was wegzuputzen, beschließt der Hobbykoch und macht eine klare Ansage: „Ich hinterlasse kein Schlachtfeld. Wenn ein Mann seine Sachen nicht wegspült, soll er auch das Kochen sein lassen!“

Fränkische Bratwürste mit Dämpfkraut und Kartoffelstampf

Fränkische Bratwürste mit Dämpfkraut und Kartoffelstampf

Zutaten für 4 Personen:

- 4 Fränkische Bratwürste vom Metzger des Vertrauens
- 500 g Kartoffeln (mehlig kochend), geschält und halbiert
- 1/4 l Milch
- 125 g Butter
- 1 El Butterschmalz
- 1 Prise Muskatnuss
- Salz

Für das Dämpfkraut:

- 500 g Weißkraut, gehobelt
- 1 Zwiebel, fein gewürfelt
- 1/4 l Fleischbrühe
- 1 Tl Kümmel
- 1 El Butter
- Salz

So wird's gemacht

- Die Zwiebel in einem Topf kurz in Butter anschwitzen. Das gehobelte Weißkraut hinzu geben und ebenfalls anschwitzen. Fleischbrühe angießen, mit Salz und Kümmel würzen und so lange bei mittlerer Hitze garen lassen, bis das Kraut weich ist.
- Währenddessen Kartoffeln kochen. Sind die Kartoffeln weich, das Kochwasser abgießen und die Kartoffelstücke mit einem Kartoffelstampfer zerkleinern. Butter und Milch zugeben, bis die gewünschte Konsistenz erreicht ist. Mit Salz und Muskat abschmecken. Den Kartoffelstampf warm halten.
- Die Bratwürste in einer Pfanne in Butterschmalz rundherum anbraten. Bratwurst, Kartoffelstampf und Dämpfkraut auf Tellern servieren und verputzen.

Von der Leidenschaft, guten Wein zu machen

„Weine werden von guten Menschen gemacht – und ein bisserl vom lieben Gott", wird der österreichische „Weinpfarrer" Hans Denk zitiert. Er gilt als begnadeter Sensoriker und Erfinder der berühmten Weinglas-Serie „DenkArt" von Zalto.

Auch der Würzburger Johannes Schmitt ist ein „guter Mensch". An diesem Sonntag ist er dort, wo er am liebsten ist: im Weinberg – bei Herrgottswetter. Der Himmel strahlt in seinem schönsten Blau an einem der letzten warmen Herbsttage. Vor dem gemeinsamen Mittagessen inspiziert er die Weinstöcke, deren Blätter goldgelb in der Sonne glänzen. Hand in Hand mit seiner Liebsten läuft er durch die Rebzeilen. Der Mann ist kein Winzerssohn. Trotzdem wurde ihm das Weinmachen in die Wiege gelegt. „Mein Opa war auf der Festung Marienberg Kastellan und Gärtnermeister. Mein Vater hat beim Lebensmittelhändler Kupsch den Weinkeller betreut. Das hat mir als Bub gefallen. In den Schulferien bin ich dann zum Jobben in ein Weingut", erzählt der gebürtige Würzburger.

„Bei unseren Verkostungen gibt's auch Mostsuppe im Weinberg!"

Wein wurde sein Leben – und seine Leidenschaft: Johannes Schmitt ist Weinbergsmeister bei einem der renommiertesten Weingüter in Deutschland, dem Würzburger „Juliusspital". Er ist ausgebildeter Sommelier, Weindozent, Gästeführer und Botschafter für das Fränkische Weinland.

Joe & Bettina Schmitt

Seinen eigenen Wein macht er natürlich auch: Vor einigen Jahren hat er sich knapp einen halben Hektar gepachtet und produziert unter seinem Spitznamen „Joe“ eine handverlesene Weinkollektion. „So habe ich einen direkteren Bezug zu meiner Arbeit. Und das Schöne ist: Wein verbindet. Ich habe so viele Kontakte in aller Welt, in Österreich, in der Schweiz und sogar in China“, erzählt er.

Um seine Lebensgefährtin Bettina kennenzulernen, musste Johannes Schmitt nicht um die Welt reisen. Die Liebe traf ihn mitten in Würzburg, aus heiterem Himmel. Wieder zurück aus dem Weinberg, stehen wir in seiner Küche. Es duftet herrlich nach geröstetem Brot, Wein – der wichtigsten Zutat für des Winzers Leibgericht: Fränkische Mostsuppe. Das Paar steht gemeinsam am Herd und teilt sich die Arbeit, als wäre es schon immer so gewesen. „Ich bin der Schnippelmeister“, ruft Johannes und wiegt geübt das Schneidmesser auf dem Holzbrett auf und ab.

Kirchenglocken verkünden die Mittagszeit. Punkt 12 Uhr. Johannes schaut aus dem Küchenfenster. Von dort hat er Gott gleich zweimal im Blick: Zur Linken recken sich die Türme der barocken Kirche Stift Haug über die benachbarten Hausdächer. Zur Rechten hängt ein blauer Steingut-Teller an der Balkonwand. „Gott sieht alles! Aber er petzt nicht.“, ist darauf zu lesen.

Der Herrgott hat sicher auch den Glanz in den Augen des Winzers gesehen, als er bei einer privaten Weinprobe der hübschen Teilnehmerin die Handynummer entlockte. „Sie hat mich gefragt, wo sie meinen Secco kaufen kann. ‚Kein Problem. Gib mir mal deine Handynummer. Dann rufe ich an, wenn ich wieder welchen habe‘“, erzählt er mit einem verschwörerischen Augenzwinkern. „Das hat er gut einfädelt“,

pariert die gebürtige Schweinfurterin lachend. „Da war schon ein Prickeln. Als Schneidermeisterin begegnest du ja nicht oft einem so feschen Winzermeister." Sie drückt ihrem Liebsten ein Kuss auf die Wange und füllt die Gläser mit dem hauseigenen Fränkischen Secco aus Bacchus, Kerner und Müller-Thurgau. Wir prosten uns zu. Des Winzers Leibgericht – Fränkische Mostsuppe – ist fast fertig.

„Butter, Zwiebeln, Möhren, Schlagsahne, ein paar Gewürze und der eigene Wein, mehr muss da nicht rein", lautet das schnelle Einmaleins für die unkomplizierte Suppe, die aber mit Liebe zubereitet sein will: „Als Teenager habe ich mal Mostsuppe für eine Silvesterparty gemacht. Die war fatal, das war Wein zum Löffeln", erinnert sich Johannes Schmitt und grinst. Inzwischen hat er längst den Bogen raus. „Meine Weinsensorik übertrage ich auch aufs Kochen und Essen. Und wenn wir Wein trinken, probieren wir auch Schokolade oder Früchte dazu. Es muss ja nicht immer das große Kino sein", beschreibt der Winzer und rührt mit einem Holzkochlöffel vorsichtig die Suppe um.

Auch zu den kulinarischen Weinproben gibt es Joes Leibspeise, die sogar im Weinberg kredenzt wird. „Und einmal im Jahr fragen unsere Freunde: ‚Wann gibt's wieder eure Mostsuppe?' Dann kochen wir einen

Fränkische Mostsuppe

riesigen Topf, der für alle reicht", schildert die Schneidermeisterin, die die Suppenleidenschaft und Experimentierfreudigkeit am Herd teilt. „Joe kommt meist früher von der Arbeit als ich, dann bekomme ich per Handy immer Fotos zugeschickt mit dem Kommentar: „Schau mal, Schatz, das gibt's heute Abend!", erzählt die Schneidermeisterin. Unter der Woche improvisieren die beiden meistens. „Wir schauen, was im Kühlschrank übrig ist und wenn es aufs Ende zugeht, würfeln wir gerne alles zusammen. Neulich zum Beispiel Pfannkuchen mit Pilzen gefüllt und mit der angefangenen Flasche Domina habe ich das Gulaschfleisch verfeinert, das wir noch in der Tiefkühltruhe hatten", beschreibt Joe und ergänzt: „In einer Region, wo es guten Wein gibt, gibt es meist auch was Gscheids zum Essen."

Dieser Augenblick ist einer wenigen, in denen der Heimatdialekt des gebürtigen Würzburgers aufblitzt. „Den Dialekt hab ich mir fast abgewöhnt, weil ich mich bei Verkostungen oft mit auswärtigen Kunden unterhalte. Aber wenn ich mit meinen Kollegen aus Nordheim schwätz', da red' i Dialekt. Und draußen im Weinberg regiert auch der Dialekt! Des wird fei immer so sein."

Fränkische Mostsuppe

Zutaten für 2-3 Personen:

- 1 Zwiebel
- 1 kleine Möhre
- 1 – 2 El Butter (40 g)
- 2 gehäufte El Mehl (40 g)
- 1/2 l Fleischfond
- 1/2 l trockenen Weißwein (z.B. Joe's White oder Silvaner)
- 100 g Weißbrot
- ca. 1/2 Tl Zimt
- 200 g Schlagsahne
- 1 Eigelb
- einige Weißbrotscheiben
- Salz, Pfeffer, Zucker, Muskat nach Geschmack

Beim Einbrennen mit dem Mehl sollte man schauen, dass die Farbe der Mostsuppe nicht zu dunkel wird. Erst zum Schluss kommt das Eigelb hinzu. Vorsicht: Die Suppe darf nicht zu heiß sein, sonst gerinnt das Ei.

So wird's gemacht:

- Zwiebeln und Möhre schälen, klein schneiden und in Butter andünsten. Mit Mehl bestäuben, kurz anschwitzen. Brühe und Wein einrühren. Nach Gusto mit Salz und Pfeffer würzen.
- Die Suppe etwa 15 Minuten sanft köcheln lassen bis sie schön sämig wird. In der Zwischenzeit Weißbrot würfeln und in einer Pfanne anrösten.
- Suppe durch ein Sieb in einen Kochtopf streichen, Sahne angießen, umrühren und kurz aufkochen lassen. Zum Schluss mit Eigelb legieren (Vorsicht: Suppe nicht mehr kochen lassen – siehe Tipp!)
- Mit Salz, Pfeffer, Zucker und Muskat abschmecken. Die Mostsuppe auf Suppenteller oder Schalen verteilen, mit den Weißbrotwürfeln dekorieren und je eine kleine Prise Zimt über die Suppe geben.

N Gudn!

Janssons Versuchung oder der Geschmack des Nordens

In dieser Küche wird musiziert und diskutiert, gekocht und gewohnt, gelesen und gelacht. Rechts neben dem Eingang zum Flur steht ein Klavier, gegenüber reihen sich Ukulelen verschiedener Größen aneinander. An den Wänden hängen Werke befreundeter Künstler. In der Mitte des Raums, am einem großen, runden Holztisch, wurden schon viele Geschichten erzählt, Erinnerungen geweckt, Pläne geschmiedet und Hausaufgaben gemacht. „Dieser Tisch war unsere Kommunikationszentrale, da wurden auch hitzige Debatten geführt und Konflikte ausgetragen", sagt Wolfgang Salomon und zwinkert seiner Ehefrau zu. „Einmal am Tag mit den Kindern am Tisch sitzen, essen und erzählen, was man erlebt hat. Das war uns wichtig", erzählt Elisabeth Stein-Salomon. Zum Kochen hat sie immer Zeit gefunden neben ihrer Buchhandlung, ihrer Familie, dem Haushalt, ihren vielen Literaturprojekten und als Initiatorin der bundesweit bekannten Veranstaltungsreihe „Würzburg liest ein Buch". „Nachdem die Kinder ausgezogen sind, hat es eine Weile gedauert, bis die Portionen kleiner wurden", gesteht die zweifache Mutter und lacht. „Wir essen jetzt weniger Fleisch, kochen aus dem Ärmel und bringen aus dem Urlaub Rezeptideen mit",

> „Einmal am Tag mit den Kindern am Tisch sitzen, essen und erzählen, was man erlebt hat. Das war uns wichtig."

Janssons Versuchung

ergänzt Ehemann Wolfgang. Das Rezept für sein Lieblingsgericht kennt der Bühnenautor, Komponist und Musiker auswendig. Es hat ihn viele Jahre als Bassist der Würzburger Rockband „Munju" begleitet. Sie gab in den 1970er Jahren als eine der ersten deutschen Independent Bands jenseits des kommerziellen Musikbusiness den Ton an. In der Tradition von Gruppen wie „Guru Guru", „Amon Düül" und „Can" rockte „Munju" in Deutschland die Hallen – „mit Boxen so groß wie der Isenheimer Altar". In den zehn Jahren ihres Bestehens spielten sie über 1000 Live-Konzerte und tourten quer durch Europa. Ihre Alben, die sie beim selben Indie-Label veröffentlichten wie die bis heute legendäre Band „Ton Steine Scherben", zählen heute zu begehrten Sammlerstücken.

Ende der Siebziger schlossen sich die fränkischen Musikrebellen der europäischen Initiative „Rock in Opposition" an, kurz RIO genannt. In dem losen Zusammenschluss verschafften sich Indie-Bands gegenseitig Auftritte und gingen gemeinsam auf Tour. Eine der Wegbereiter war die schwedische Progressive Rock-Band „Samla Mammas Manna" mit dem legendären Keyboarder und Akkordeonist Lars Hollmer.
Der erhielt spät abends einen Anruf aus Würzburg: „Hey Lars, we are Munju from Germany and can organize a tour for you in our country!", rief der junge Bassist ins Telefon. „Ja ja, brå idé! - ja, ja, gute Idee!", antwortete der Schwede fröhlich am anderen Ende der Leitung, in seinem roten Holzhaus am Rande von Uppsala. Dort feierte er mit seiner Familie und Bandmitgliedern gerade Mittsommernacht. Mit dem nächtlichen Telefonat begründeten Wolfgang und Lars ihre langjährige Freundschaft und den Start vieler gemeinsamer Tourneen durch Deutschland und Schweden.

Namenspaten und Legenden

Erfinder von Janssons frestelse soll der schwedische Gourmet und Opernsänger Per Adolf Janzon gewesen sein. Andere Quellen schreiben es einer Restaurant-Besitzerin zu, die einen heimlich begehrten Stammgast namens Jansson mit diesem Gericht in Versuchung führen wollte.

Bei der nächsten Sonnenwendfeier in Schweden gehörte auch der Bassist mit dem nachtschwarzen Haaren zu den Partygästen. „In meinem Kombi hatte ich eine Kiste Frankenwein für meinen Gastgeber. Nachdem ich ankam, ging es gleich zum Jammen ins Studio, das Lars sich in seinem Haus eingerichtet hatte. Punkt Mitternacht versammelten wir uns dann in der Küche, die Ofentüre wurde geöffnet und ‚Janssons frestelse' aus dem Backofen gehoben. Wir haben uns den Magen vollgeschlagen und dazu einige Gläser mit Hochprozentigem geleert", erzählt Salomon. „Janssons Versuchung" - der traditionelle schwedische Auflauf aus Kartoffeln, Sahne, Zwiebeln und Sardellenfilets – wurde zum Lieblingsgericht des Würzburgers. Im Laufe der vielen Besuche bei Lars Hollmer kam er zu der Erkenntnis: „Der fränkische Wein ist zu schad, den schlucken die Schweden nur wech. Da passt „starköl", vergleichbar mit deutschem Bier, besser."

Bei den Salomons kommt „Janssons Versuchung" meist auf den Tisch, wenn sich Freunde oder die Kinder ankündigen. „Wir bereiten es in einer großen Schale aus Ton oder Glas zu", sagt Elisabeth, greift zu zwei Topflappen, öffnet die Ofentüre und hebt die Form heraus. „Das ist eine kleine Portion. Das frestelse gab es in einem Familienurlaub bei Freunden in Uppsala mal für 40 Leute – als ‚Karlssons frestelse' mit Bücklingen statt mit Sardellen", erzählt die gebürtige Würzburgerin. Kommt ihre Tochter aus Frankfurt zu Besuch, gibt es die vegetarische Variante der schwedischen Versuchung: Svenssons frestelse.

Janssons Versuchung

„Als Kind mochte ich auch keinen Fisch, bis mir Wolfgang im Campingurlaub einen selbst geangelten am Lagerfeuer gegrillt hat", erinnert sich Elisabeth und stellt die würzig duftende Versuchung auf den Esstisch. Schon fällt Wolfgang dazu ein weiteres Detail der Geschichte ein: „Da hatte doch ein Kumpel auf Gehhilfen seine Beinschiene als Grillrost umfunktioniert, oder?" Die nächste kulinarische Erinnerung spielt wieder in Schweden: „Ich war mit meinem Freund Lars mal in Schulen auf Tournee, um den Kindern zu zeigen, wie man mit Samplern und Synthesizern Musik macht. Nach unseren Workshops wurden wir zum Essen in die Schulküchen eingeladen. Da gab es oft Blutpudding. Der sah aus wie ein Eishockey-Puck und war auch so hart. ‚Blodpudding' galt als Lieblingsspeise der Schüler, da dachte ich: ‚Wenn es schwedische Kids gerne essen, kann das nicht so verkehrt sein.'"

In die Würzburger Rezeptesammlung wurde der Pudding aus gebackenem Schweineblut nicht aufgenommen, ebenso wenig wie „Panino con la milza", das das Ehepaar auf Sizilien probierte. „Das ist wie ein Leberkäs-Kipf, nur mit Milz. War nicht so mein Ding", urteilt er, schiebt seine Brille in die grau-melierten Haare, greift sich eine Bariton-Ukulele und spielt uns zum Dessert ein Solo.

Elisabeth & Wolfgang Stein-Salomon

Janssons frestelse

Zutaten für 4 Personen:

- 1 kg Kartoffeln, mehlig kochend
- 1 Dose Grebbestad Anchovis oder 8 – 10 gesalzene Sardellenfilets aus dem Glas
- 3 Zwiebeln
- 1/2 l Schlagsahne
- Butter
- 1 Tl Semmelbrösel
- 1/2 Bund frische Petersilie

Und so wird's gemacht:

- Backofen auf 220 Grad (Umluft 200 Grad) vorheizen. Kartoffeln schälen und in feine Stifte schneiden. Zwiebeln häuten und in schmale Ringe schneiden. Sardellen aus der Dose in ein Sieb geben und abtropfen lassen, gesalzene Sardellenfilets im Sieb kurz abbrausen.
- Eine feuerfeste Form einfetten. Kartoffeln, Zwiebeln und Anchovis in der Form verteilen. Restliche Kartoffeln darüber schichten und mit 1/2 l Schlagsahne übergießen. Mit Semmelbröseln bestreuen und einige Butterflöckchen darauf verteilen.
- Auf mittlerer Schiene im Ofen ca. 25 Minuten backen, die restliche Sahne auf dem Janssons frestelse verteilen und weitere 20 Minuten fertig garen, bis die Kartoffeln weich sind. Zum Servieren mit Petersilie garnieren und in der Form auf den Tisch stellen.
- Dazu passt Feld- oder Eichblattsalat und ein schwedisches starköl oder ein fränkisches Bier.

Tipp: Mit Sardellen in Öl wird das Gericht zu fettig. Am besten schmecken original schwedische Anchovifilets. Die gibt's bei Ikea, von ABBA im Spezialitätenladen.

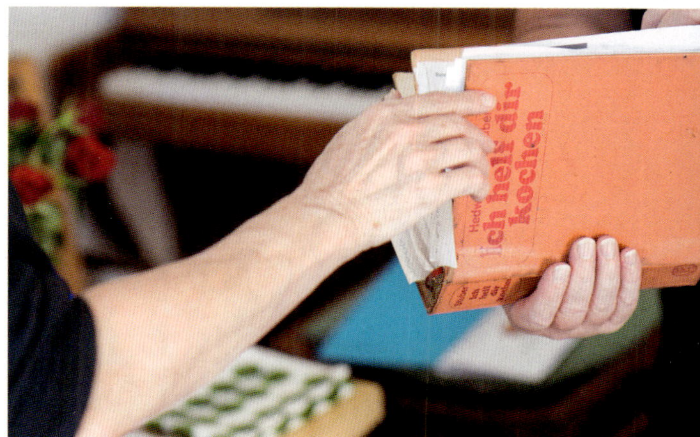

Vegane Schokomousse-Torte im Schneekleid

Samtpfoten, Süßkram und Handtaschen-Schokolade

Der kleine Tortenaufkleber neben dem Klingelschild weist uns den Weg. Wir klettern hinauf in die oberste Etage des Mehrfamilienhauses am Rande der Würzburger Altstadt. Günther lauert hinter der Wohnungstüre und mustert uns mit einem fragenden „Miaau-uuu". „Sei net so neugierig", raunt ihm Birgit Süß zu und stellt uns die weiteren Mitglieder des zwölfbeinigen Ensembles vor, das mit ihr unter einem Dach wohnt: Carlos, der blinde, rabenschwarze Straßenkater aus Griechenland und Tilda, die kapriziöse Cornish Rex-Dame mit dem sandfarbenen, gekräuselten Fell. Die streift schnurrend an unseren Beinen entlang. „Ich hab' halt ein Herz für Katzen. Aber ohne Stammbaum. Schräge Figuren und Charakterköpfe sind mir lieber", ruft ihr Frauchen aus dem Nebenzimmer, wo sie noch schnell in ein marineblaues Tupfenkleid schlüpft und sich eine lila Blume ins Haar steckt. Die Jazzsängerin, Moderatorin, Schauspielerin, Kabarettistin und Katzenhüterin ist bereit. Tilda und wir folgen ihr in die Küche.

„Ich muss mich konzentrieren beim Backen. Da singe ich nicht und rezitiere auch keine Texte."

Die markanten Merkmale der ungewöhnlichen Katzenart weisen erstaunliche Parallelen zu ihrer Besitzerin auf. „Die Cornish Rex ist eine schlanke Katze auf langen, geraden Beinen. Sie ist freundlich und intelligent. Mit ihrer unbändigen Neugier möchte sie alles um sich herum erkunden. Diese Rasse ist sehr aktiv, bewegungsfreudig und verspielt, sie hat ein ausgeprägtes Durchsetzungsvermögen, von dem sie auch Gebrauch macht. Sie ist auch Fremden gegenüber offen", ist in einem Katzenführer zu lesen. „Also, mit der Zeit wird der Mensch seinem Tier schon immer ähnlicher, oder ist es umgekehrt?", sinniert die Künstlerin, die seit 2004 mit kabarettistischen Soloprogrammen auch im

Vegane Schokomousse-Torte im Schneekleid

Fernsehen auftritt. Neben Katzen und Kabarett hat Birgit Süß eine weitere Leidenschaft: „Ich esse wahnsinnig gerne Süßkram“, gesteht sie und streicht sich eine widerspenstige Locke aus dem Gesicht. In diese Kategorie fallen Schokolade, Kuchen, Torten und viel Eis. Süß backt auch gerne. Den Biskuitboden für ihre Lieblingstorte – weiße vegane Schokomousse-Torte – hat sie schon am Morgen gemacht. Auch die anderen Zutaten stehen schon parat. Im Topf zerfließen schneeweiße Schokoladenstückchen. Eine gute Vorbereitung ist das A und O – für die Bühne und fürs Backen. Schon seit Jahren ernährt sich die Künstlerin vegan. „Ich fühle mich damit wohler und habe ein besseres Körpergefühl“, sagt sie. „Wenn ich bei Freunden zu Besuch bin, mache ich aber keinen Aufstand. Ich esse, was es da gibt. Manchmal überkommt es mich auch und

ich muss ein dick belegtes Käsebrödla futtern." Aufgewachsen ist Birgit Süß in Augsburg – mit einem rustikalen Verhältnis zum Essen: „Ich bin mit Schlachttagen auf dem Bauernhof meiner Großeltern und sehr viel Fisch groß geworden. Mein Vater ist leidenschaftlicher Hobby-Angler. Wie man einen Fisch fängt, ihm fachgerecht eins überbrät und ihn ausnimmt, war eines der ersten Dinge, die ich als Kind gelernt habe", schildert die Kabarettistin mit ausladenden Gesten, als wäre es eine Szene aus einem ihrer Bühnenstücke.

„Wir hatten nicht viel Geld, aber viel eigenes Gemüse und Obst im Garten. Wenn ich aus der Schule kam und der frisch gebackene Apfelstrudel meiner Mama stand schon auf dem Tisch – diesen Duft und Geschmack vergesse ich nie", schwärmt die Gelegenheitsköchin nun eine Spur leiser und greift zum Handmixer, um die Schokoladenfüllung für ihren Kuchen schaumig zu schlagen.

Der Mixer knurrt auf Hochtouren, Tilda maunzt, springt auf einen Küchenstuhl und reckt erwartungsvoll den Kopf. „Na, hast Hunger, Fräulein?", fragt Frauchen und brüllt gegen die Kakophonie an: „Also, wenn ICH Hunger habe, muss ich sofort was essen, sonst drehe ich durch. Da bin ich ganz schnell ganz borstig." Deshalb hat die Sängerin und Kabarettistin bei ihren Auftritten stets Proviant dabei: In ihrer geräumigen Handtasche transportiert sie Halsbonbons, ein „Notbrödla", eine Tafel vegane Schokolade oder ein Stück Kuchen. „Süßkram brauche ich spätestens in der Pause zum Überleben", legitimiert sie ihr kleines Laster.

Ihre Backlust kam mit der „ersten eigenen Bude". Die Bühnenlust war schon immer da. Als Teenager hat sie in Bands gesungen, später Kindertheater gemacht und französische Chansons interpretiert. „Irgendwann habe ich angefangen, zwischendrin die Texte ins Deutsche zu übersetzen und mit meinen Worten zu erzählen. Das hat dem Publikum besser

gefallen als die Lieder", beschreibt sie die inoffizielle Premiere als Kabarettistin und zuckt dabei mit den Schultern, als wolle sie sagen: „Ist halt passiert. So was kann man nicht planen". „Ich bin auf der Bühne so, wie auch privat. Das macht es schwierig, weil ich mich nicht hinter einer Rolle verstecken kann", sinniert Birgit Süß, die Langeweile zum Sterben langweilig findet, daraus aber auch ihre Energie gewinnt: „Ich bin aufgeregt vor meinen Auftritten, weil ich Angst habe, dass ich die Leute langweile. Dass sie über meine Witze nicht lachen oder ich schlecht singe, ginge ja noch. Aber wenn man sich langweilt, ist das verlorene Lebenszeit", kommentiert sie, verstreicht die restliche Schokoladencreme auf dem Biskuitboden und schneidet ein Probierstück aus ihrem Lieblingskuchen.

Blitzeis nicht nur für Veganer *Birgit Süß hat stets Bananen eingefroren, bereits geschält und in einem TK-Beutel. Wenn sie spontan Lust auf Eis hat, nimmt sie ein oder zwei Bananen und püriert sie mit Soja- oder Kokosmilch. Fertig ist ein köstliches, veganes und (haushalts-)zuckerfreies Eis!*

Tilda nimmt jede Handbewegung von Frauchen ins Visier und fegt vor Aufregung mit ihrem Schweif eine Tasse vom Tisch. Die Cornish Rex ist „eine freundliche Katze, mit einem verschmusten, anhänglichen, aber auch temperamentvollen Charakter. Wer sie bei sich einziehen lässt, kann davon ausgehen, dass es mit ihr nie langweilig wird."

Vegane Schokomousetorte im Schneekleid

Zutaten für Biskuitboden:

- 250 g Mehl
- 110 g Zucker
- 3/4 Tütchen Backpulver
- 1 Tütchen Vanillezucker
- 50 ml Rapsöl
- 220 ml Mineralwasser

Zutaten für dunkles Mousse:

- 200 g vegane Schlagsahne (z.B. von Soyatoo!, Alpro, Schlagfix)
- 1 Päckchen Sahnesteif
- ca. 70 g Blockschokolade
- 2 El Kakaopulver (z.B. von GEPA)
- 2 El Zucker

Zutaten für helles Mousse:

- 200 g vegane Schlagsahne
- 1 Päckchen Sahnesteif
- 70 g weiße vegane Schokolade (z.B. von Vivani, Rapunzel, iChoc oder GEPA)
- 2 El Zucker

So wird's gemacht:

- Den Backofen auf 160°C vorheizen. Für den Biskuit alle trockenen Zutaten miteinander vermengen. Dann Rapsöl und Mineralwasser angießen und alles gut miteinander verrühren. Die Masse in die gefettete Springform füllen und ca. 25 Minuten backen lassen (Stäbchenprobe machen!). Herausnehmen und abkühlen lassen.
- Für die Mousse jeweils helle und dunkle Schokolade separat schmelzen und etwas abkühlen lassen (ca. 30°C). Mit einem Handmixer alle übrigen Zutaten für die Mousse, außer dem Kakaopulver, in einem hohen Becher steif schlagen. Die Masse auf zwei Becher verteilen, darin jeweils die helle und die dunkle Schokoladenmasse sorgfältig unterrühren. Zur dunklen Schokomasse zusätzlich das Kakaopulver beimischen.
- Zur Fertigstellung der Torte den Biskuit horizontal in zwei Teile schneiden. Den unteren Boden gleichmäßig (je nach Gusto mit der hellen oder dunklen Schokomousse) bestreichen, dann den zweiten Teil vorsichtig aufsetzen. Und die Torte ringsherum mit der übrigen weißen Schokocreme bestreichen, dem Schneekleid.
- Nach Lust und Laune dekorieren, etwa mit veganen Schokostreuseln, Zuckerperlen oder Koskosraspeln. Dann das Hüftgold mit einer Tasse Kaffee genießen.

Kakaobohnen als Knabberei *Wer gerne ganz gesund naschen möchte, sollte mal Bio-Edel-Kakaobohnen (gibts im Biomarkt z.B. von Rapunzel, Veganz, Flores-Farm) probieren. Dieser Snack ist ein Superfood, weil er wertvolle Vitamine, Mineralstoffe und Antioxidantien enthält.*

Man kann die Bohnen auch zerkleinern, um Süßspeisen zu verfeinern. Werden die Bohnen gemahlen, hat man schnell und einfach Kakao-Pulver.

Zwischen Raumsparwunder, Nierentisch und Jukebox

Nierentisch, Cocktailsessel, Petticoat, Tütenlampe, Jukebox, Wunder von Bern, Arabisches Reiterfleisch. Diese Begriffe stehen für die fünfziger Jahre. In dieses Jahrzehnt, das die deutsche Nachkriegsgeneration geprägt hat, tauchen wir ein. Für ein paar Stunden nur. Aber so intensiv, als wären wir Statisten im Ersten Deutschen Fernsehen, in der ersten Kochsendung der jungen Bundesrepublik Deutschland: „Clemens Wilmenrod bittet zu Tisch". Wilmenrod, ein stattlicher Mann mit hoher Stirn, gepflegtem Schnauzer und schneeweißer Schürze, steht am Herd, umgeben von einer gefliesten Studiokulisse.

„Mein Kaffee ist natürlich von Hand gebrüht, mit einem Melitta-Filter aus Porzellan."

Die Zuschauer lieben den TV-Koch, der eigentlich Schauspieler ist und für sein Publikum klangvolle Gerichte wie „Arabisches Reiterfleisch", „Gefüllte Erdbeere" oder „Toast Hawaii" erfindet und sein abenteuerliches Küchenlatein dazu auftischt. Jedes gute Gericht braucht eine gute Geschichte. Das ist das kulinarische Grundgesetz – damals wie heute. Unser Gastgeber, in Jeans und Kochjacke, braucht keine Kulissen und erfundenen Rezepte. Der Mann ist kein Schauspieler, sondern Pressesprecher der Stadt Würzburg. Für Christian Weiß zählt das Original. Replika duldet der leidenschaftliche Sammler nicht, wenn es um Objekte aus den fünfziger und sechziger Jahren geht. Sein größtes Exponat, mit Schiebetüren in Hellblau, Gelb und Orange, ist jeden Tag im Einsatz. „Meine Küche stammt aus dem Jahr 1954. Ich habe sie einem Ausstellungs-Architekten abgekauft, der den Hausstand seiner

Mutter auflöste. Alles war in einem sehr gepflegten Zustand, sogar den Kaufprospekt gab es noch", erzählt Weiß begeistert. „Die moderne, bunte Anbauküche in praktischer Schönheit", wie darin über das Raumsparwunder zu lesen ist, würde Christian Weiß für kein Geld der Welt gegen eine moderne Designerküche tauschen. „Mich begeistern die genialen Details, die es damals schon gab und ganz moderne Ansätze hatten: große Schütten für Mehl, eine Handwaschbrause mit Teleskoparm, eine Arbeitsplatte zum Herausziehen, ein Brotfach zum Hochklappen und praktische Apothekerschränke", zählt er auf. „Im Laufe der Jahrzehnte sind manche Design-Klassiker in Vergessenheit geraten. Ich finde es spannend, diese Dinge wieder aufzuspüren."

Sein Lieblingsgericht, Szegediner Gulasch, das in einem gelben Emailletopf auf dem Elektroherd schmort, musste er nicht aufspüren. Es ist ein kulinarisches Familienerbe: „Das Gulasch hat meine Mutter oft gekocht, nach dem Rezept meiner Großmutter. Bei ihr gab es immer böhmische Knödel dazu. Die mochte ich schon als kleiner Junge besonders gern, die sind heute noch das A und O für mich", berichtet Weiß und streicht sich über die Kochjacke mit den feuerroten Knöpfen in Form von Chilischoten.

Der Hobbykoch wirft einen Blick auf die eiförmige Wanduhr mit integriertem Kurzzeitmesser. Auch sie ist ein Klassiker aus den fünfziger Jahren, entworfen vom weltberühmten Schweizer Architekten und Industriedesigner Max Bill für den Uhrenhersteller Junghans. Der Hefeteig für die Buchteln, der Lieblingssüßspeise von Christian Weiß, die er uns zum Nachtisch servieren wird, braucht doch noch etwas Zeit zum Aufgehen. Wir sind schließlich nicht beim Fernsehen, wo im Zeitraffertempo gekocht wird.

Hit-Parade

1. März 1967

1	I'm A Believer	The Monkees
2	Dear Mrs. Applebee	David Garrick
3	Save Me	Dave Dee, Dozy, Beaky, Mick & Tich
4	Happy Jack	The Who
5	Frag nur dein Herz	Roy Black
6	Let's Spend The Night Together	The Rolling Stones
7	Moderne Romanzen	Peter Alexander
8	Green Green Grass Of Home	Tom Jones
9	Dead End Street	The Kinks
10	No Milk Today	Herman's Hermit's
11	Friday On My Mind	The Easy Beats
12	Dandy	The Kinks
13	Schiwago-Melodie (Lara's Theme)	Original Film-Musik
14	Snoopy Vs. The Red Baron	The Royal Guardsmen
15	Any Way That You Want Me	The Troggs
16	Es ist noch nicht zu spät	Udo Jürgens
17	Frech geküßt ist halb gewonnen	Siw Malmkvist
18	La Poupée Qui Fait Non	Michel Polnareff
19	La Montanara	Nini Rosso
20	Das Girl mit dem La-La-La	Graham Bonney
21	Two At A Time	Neil Christian
22	Mellow Yellow	Donovan
23	Gimme Some Loving	The Spencer Davis Group
24	Have A Drink On Me	The Lords
25	Good Vibrations	The Beach Boys
26	Love Me, Please Love Me	Michel Polnareff
27	Winchester Cathedral	The New Vaudeville Band
28	Die Welt ist voller Liebe	Bata Illic
29	Standing In The Shadow Of Love	The Four Tops
30	Les Play Boy	Jacques Dutronc
31	A Man In The Woods	Andy Fisher
32	Bend It	Dave Dee, Dozy, Beaky, Mick & Tich
33	Der Weg zurück nach Haus	Jürgen Herbst
34	Es ist so schön, daß es dich gibt	Connie Francis
35	In The Country	Cliff Richard
36	Ich mach' Protest	Gitte
37	Hard To Love You	Dave Dee, Dozy, Beaky, Mick & Tich
38	Spanish Eyes	Al Martino
39	Winchester Cathedral	John Smith And The New Sound
40	Dunja, du	Ronny

Der Musikmarkt

DIE FACHZEITSCHRIFT FÜR DAS MUSIKGESCHÄFT
JOSEF KELLER VERLAG

TEENIES TIPPEN AUF

James Last – Amboß-Polka (Polydor 52 760)

Graham Bonney – Thank You Baby (Columbia C 23 421)

Horst Twieg – Ich gehe keinen Schritt mehr ohne dich (Polydor 52 798)

Peter & Gordon – Knight In Rusty Armour (Columbia C 23 378)

Rose Murphy Trio – The Flat Foot Floogee (Decca DL 80 011)

FRANCIS, DAY & HUNTER GMBH

„Wollt Ihr mal die anderen Räume sehen?“, fragt der Gastgeber und schreitet voran. Durch den Flur betreten wir das „Cocktailzimmer“, das Hoheitsgebiet seiner Ehefrau Kerstin, mit der er seine Sammelleidenschaft teilt. Hier steht ein weiteres Prunkstück seiner Sammlung – eine himmelblaue Juke-Box der Marke Wurlitzer. „Ich komme aus einem Sammlerhaushalt. Meine Mutter hat Dinge bis zu den dreißiger Jahren gesammelt. Mein erstes Sammlerstück war die Hausbar meines Großvaters, die ich im Alter von 16 Jahren vererbt bekam“, erzählt Weiß und demonstriert uns den Drehmechanismus des zierlichen Spirituosendepots. Die Etagenwohnung teilt sich das Ehepaar mit weiteren handverlesenen Originalen aus den Fünfzigern: darunter Geschirr und Kaffeeservice, Blechdosen und Plakate, Kochbücher und Kataloge, Comics und Romane, Plüschtiere, Spielesammlungen, Spielzeug, Kleider, Möbel und Schallplatten. Alles in allerbestem Zustand und stets einsatzbereit. Wir testen die Musikbox und drücken die Taste für Elvis Presley. Die Wurlitzer schnurrt und klackert. Dann ertönt „In the Ghetto“. Ein Gang durch die geräumige Wohnung ist wie ein Spaziergang durch ein interaktives Museum.

„Die Leute schauen, staunen und erinnern sich an ihre eigene Kindheit. Da werden viele fast vergessen Geschichten präsent", doziert der Gastgeber auf dem Weg in die Küche, um die Buchteln für den Nachtisch in den Ofen zu schieben. Danach lässt er behutsam die rohe Knödelteigkugel ins kochende Wasser gleiten. Die gedächtnisfördernde Wirkung der Sammlung Weiß lässt nicht lange auf sich warten: der Gast entdeckt die alte Speiseeiskarte an der Küchenwand, stutzt und kommentiert: „Hmm, Fürst Pückler Eissandwich, das habe ich auch gerne gegessen. 40 Pfennige hat das damals gekostet?".

„Bitt'schön, die Herrschaften, nehmen's Platz!", ruft Weiß in der Manier eines Wiener Obers und serviert das Gulasch. Die zarten Fleischstücke zergehen auf der Zunge, das Sauerkraut hat den perfekten Biss. Dazu eine Scheibe vom böhmischen Knödel und ein großer Schluck Bier. Die hölzernen Salz- und Pfefferschweinchen vor meinem Teller blicken aus ihren stecknadelgroßen Knopfaugen und staunen über den herzhaften Appetit des Gastes. Das Dessert nehmen wir im Cocktailzimmer am Nierentisch neben der Jukebox ein. Nancy Sinatra singt von ihren Stiefeln, die fürs Laufen gemacht sind. Wir lümmeln in den Cocktailsesseln und genießen die lauwarmen Buchteln, zu denen der Hobbykoch selbst gemachtes Vanilleeis serviert. „Aus jedem Land, in dem wir Urlaub machen, bringe ich ein Rezept für eine ungewöhnliche Eissorte mit, zum Beispiel Ziegenkäseeis aus Frankreich und aus Amerika habe ich ein tolles Rezept für cremiges Mandeleis mit kandierten Kirschen", schwärmt Christian Weiß und schnalzt mit der Zunge.

Klack, klack. Der cremefarbene Tonarm greift sich die nächste ausgewählte Single: „Help!" von den Beatles. „Noch eine Tasse Kaffee?", fragt Christian Weiß und füllt eine hellgrüne, eine rosafarbene und eine himmelblaue Tasse. Der Kaffee ist natürlich von Hand gebrüht, mit einem Melitta-Filter aus Porzellan. Mit dem letzten Schluck geht auch unsere Zeitreise zu Ende. Schade, es gäbe noch viel zu erzählen zwischen Nierentisch und Cocktailsesseln.

Szegediner Gulasch & Buchteln mit Vanilleeis

Szegediner Gulasch (im Originaltext der Großmutter)

Zutaten für 4 Personen:

- 1 kg Gulaschfleisch (Schwein und Rind gemischt)
- 1 kg Sauerkraut (z.B. 2 Beutel à 500 g)
- 4 – 5 Zwiebeln, gewürfelt
- 1 1/2 Tl Kümmel
- 1 Knoblauchzehe
- 1 Becher saure Sahne (200 g)
- 2 Tl Paprikapulver (z.B. Rosenpaprika)
- etwas Fleischbrühe
- Schweineschmalz
- Salz nach Geschmack

Und so wird's gemacht:

- Auf ein Kilogramm Fleisch nehme man etwa 400 Gramm feingehackte, auf Schmalz gedünstete Zwiebeln, füge den Kümmel und zerdrückten Knoblauch hinzu und dünste das Ganze zugedeckt mit etwas Fleischbrühe, bis es halb gar ist.
- Sodann gebe man ein Kilogramm Sauerkraut dazu, vermenge das Fleisch damit, würze es mit mildem Rosenpaprika (je nach Schärfe und Geschmack) und koche es solange, bis das Kraut gar ist.
- Schließlich füge man die zwei Deziliter saure Sahne hinzu und lasse es noch einmal aufkochen. Serviert wird es am besten mit Knödeln.

Buchteln nach Großmutters Rezept
Zutaten für 4 Personen:

- 1/8 l Milch
- 1 Würfel Germ (Hefe)
- 40 Dekagramm* Mehl
- 14 Dekagramm* Butter
- sieben Dekagramm* Zucker
- 1 Zitrone oder Orange (Schale zum Verzehr geeignet)
- 1 Prise Salz
- für die Füllung nach Geschmack: Pflaumenmus, Nuss-, Rosinen- oder Mohnmischung

* Dekagramm = 10 Gramm (k. u. k.-Gewichtseinheit)

Und so wird's gemacht:

- Rohr auf 175 Grad vorheizen. Man macht einen Germteig aus 40 Dekagramm Mehl, drei Dekagramm in 1/8 Liter Milch aufgelöster Germ, zwei Eiern, 14 Dekagramm Butter, sieben Dekagramm Zucker, den feingeschnittenen Schalen von einer halben Zitrone oder Orange und einem Stäubchen Salz. Nach Bedarf noch Milch zugeben.
- Den Teig gehen lassen. Wenn er noch einmal so hoch geworden ist, als er war, treibt man ihn auf einem Brett halbfingerdick aus.
- Dann schneidet man ihn zu viereckigen, drei Finger breiten und langen Fleckchen und gibt auf diese jeweils einen Kaffeelöffel voll Powidl* oder Mohn-, Nuss- oder Rosinenfülle.
- Aus diesen Fleckchen formt man kleine, geschlossene Klößchen. Man legt sie hierauf dicht an dicht in eine mit Butter bestrichene Kuchenform. Die Stelle, wo eine Buchtel die andere berührt, wird mit zerlassener Butter bestrichen.
- Wenn die Pfanne voll ist, bedeckt man sie mit einem Tuche und lässt die Buchteln an einem warmen Ort so lange gehen, bis der Teig noch einmal so hoch geworden ist, als er war.
- Dann werden die Buchteln bei 175 Grad 45 Minuten bis eine Stunde langsam im Rohre gebacken. Zum Anrichten werden sie mit Puderzucker bestreut.

Rezepte im Überblick

Salate & Snacks

Suppe & Saucen

Aufläufe & Gebackenes

Beilagen

Fisch & Fleisch

Süßspeisen & Kuchen

Danke

Dieses Buch habe ich mit je einer Prise Wissensdurst und Fragelust gewürzt.
Mit Ingo Peters hatte ich einen großartigen Fotografen an meiner Seite, der die interessantesten Augenblicke und ungewöhnlichsten Blickwinkel während unserer gemeinsamen Küchenbesuche eingefangen hat.
Ein herzliches Dankeschön auch an die Grafikdesignerin und Art Directorin Andrea Wieczorek für die wunderbare Umsetzung der „Würzburger Küchengeheimnisse".
In den 160 Seiten stecken viel Herz, Raffinesse und Liebe fürs Detail.
Besten Dank an Dr. Thomas Neumann und Daniel Seger vom Verlag „Königshausen & Neumann" für ihre Unterstützung und die Lust auf kulinarisches Neuland im Verlagsprogramm.
Lieber Uwe Kauss, mein Herzkönig und Leibkoch: Danke für die liebevolle Versorgung während der heißen Phase der Buchproduktion.
Nicht zu vergessen: Meinen Dank an alle, die mir ihre Küchengeheimnisse anvertraut haben und mir damit auch Einblick in ihre Persönlichkeit gewährten.
Danke! Thank you! Merci! Kiitos! Sas efcharistó! Shukran! Motsahkerm! Hvala! Tack!

Susanne Reininger

Die Autorin

Susanne Reininger, Jahrgang 1965, wuchs in der Bäckerei ihrer Großmutter in Frankfurt am Main auf. Mit ihren fränkischen Wurzeln ist die freiberufliche Ratgeber- und Foodjournalistin der Stadt Würzburg seit Jahrzehnten freundschaftlich verbunden.
Sie arbeitete lange Jahre als freie Feature-Autorin, Radiomoderatorin und -reporterin im Hessischen Rundfunk, publizierte in der „Frankfurter Rundschau", im Wochenmagazin „Stern", schreibt für die Genussmagazine „Meine gute Landküche" sowie „Food & Farm" und bringt von ihren Reportagereisen aus aller Welt interessante Küchenhelfer mit.
Reiningers Sachbücher für kleine und große Leser erschienen u.a. bei Baumhaus-Lübbe, CoCon, Eichborn, Fischer, Kornmayer, Ravensburger, TreTorri und im Ullstein-Verlag. Die „Würzburger Küchengeheimnisse" ist ihr erstes Buch bei Königshausen & Neumann. 2010 wurde ihr Kochbuch „Marktküche neu entdeckt" mit der Silbermedaille der Gastronomischen Akademie Deutschlands (GAD) prämiert.

Der Fotograf

Ingo Peters, 1968 in Wolfsburg geboren, zählt zu Deutschlands besten Fotografen. Seit 1999 betreibt er ein eigenes Studio in Würzburg. Für Kampagnen- und Lookbook-Shootings ist er gefragt bei renommierten Fashion-Kunden wie René Lezard, Marc Cain, s.Oliver, Basler, Laurèl oder Wormland. Auch für die Bereiche Architektur, Interieur und Food wird Peters gerne gebucht.
Der Ausflug in die privaten Küchenwelten seiner Wahlheimat war eine Premiere für den viel beschäftigten Fotografen. Die Ergebnisse in diesem Buch beweisen: Der neugierige Feinschmecker und Globetrotter kann sich auch für den perfekten Dosierwinkel eines Zuckerstreuers und für Charaktere begeistern, die ohne professionelles Styling am Herd stehen.

Die Gestalterin

Andrea Wieczorek arbeitet seit 1981 in ihrer Heimatstadt Würzburg als Grafik-und Kommunikationsdesignerin. Zu ihren Kunden zählen Unternehmen aus den Bereichen Bildung, Kultur und Soziales. Zahlreiche Kultur- und Sozialprojekte der Stadt tragen ihre gestalterische Handschrift. Die heimliche Leidenschaft von Wieczorek ist die Buchgestaltung, die „von sorgfältiger Typografie, dem sensiblen Umgang mit Bildern und individueller Umsetzung jeder einzelnen Seite lebt". Diese Maxime hat die Art Directorin in den „Würzburger Küchengeheimnissen", ihrem ersten kulinarischen Buchprojekt, mit Begeisterung und Virtuosität umgesetzt.

Mein Lieblingsrezept